大好文化

管家琪作品集

家長新天地 1

掌握閱讀黃金期

管家琪談學前閱讀素養

管家琪 著　吳嘉鴻 圖

作者序　為學齡前的孩子，超前部署閱讀素養

管家琪

這是一本寫給大朋友，主要是針對家長的書。

這麼多年以來，只要是在華文地區，無論是台灣、大陸、港澳、馬來西亞、新加坡等地做講座，關於如何培養學前孩子的閱讀習慣、如何加強學前孩子的閱讀素養，我發現其實家長們關心的、想知道的問題，或者容易產生的誤解都差不多，現在我通通都整理在這本《掌握閱讀黃金期：管家琪談學前閱讀素養》書裡了。

我整理了四十個問題，用問答的方式來呈現，這樣大家看起來就會很清楚。

● 鐘鼎山林，各有天性

我們都知道，如果能夠及早培養孩子的閱讀習慣，孩子一生將受用不盡。儘管鐘鼎山林各有天性，有的孩子天生就比較樂意親近書本，我們好像不需要在這方面多費什麼心思，但有的孩子則不，而對於這樣的孩子，我們為人父母總還是要盡力去培養看看，不能就這麼放棄啊。

而想要培養孩子良好的閱讀習慣，對於許多相關問題，我們就必須先要有一番認識和思考，這就是我寫這本書最大的目的，因為多年來我在與各地家長接觸和交流時，經常有感於很多家長在這方面的觀念都不大清楚，這怎麼來培養我們的孩子呢？

● 真實的媽媽經

在這本書裡，既有我基於一個兒童文學作家關於閱讀素養的認識，也有很多我個人的讀書心得，還有不少真實的媽媽經。

我的大兒子從小在文理兩方面的能力與興趣比較均衡，當時我真覺得之前很多專家說的都是對的，包括大人本身要以身作則喜歡閱讀啦，家裡要先具備濃厚的書香氛圍啦，如此一來孩子自然而然從小就會熱愛閱讀，一切都是那麼的順理成章！

● 掌握親子之間的黃金時光

其實不然！

如果你只有一個孩子，你大概很難想像如果還有第二個孩子，他（她）會是什麼樣子？小兒子從一出生開始，我就發現他在各方面都和大兒子完全不一樣。每個孩子果然都是一個獨立的個體。等到他兩三歲的時候，關於閱讀這個事，兄弟倆的差異就表現得更明顯了。真的好奇怪喔，明明都是我的寶貝，都是生活在一個書籍氾濫成災的家庭環境，都有一個喜歡看書的老媽，在小兒子前面還有一個喜歡看書的小哥哥，可小兒子就是對閱讀沒啥興趣。就連平常他明明是一個什麼都喜歡黏著哥哥的小跟屁蟲，但是當哥哥開始看書的時候，他就不黏了，寧可退而求其次的跑來改黏老媽……為了培養小兒子在閱讀這方面的興趣，我可沒少花過精神和心思。

「盡人事，聽天命」向來是我的人生座右銘，對於教育，我也是抱持著這樣的態度。那麼，我是如何趁著學前這段親子之間的黃金時光，努力培養小兒子在這方面的興趣，我也都寫在這本書裡了，所以我在想，我的媽媽經雖然只是個人經驗，但應該多多少少總還是有些參考價值吧。

目次

1 及早養成閱讀習慣對學習有多重要？

我是一個兒童文學作家，專職寫作已經快要三十年了。除了童話和小說，我也替小朋友寫過不少傳記故事，傳主都是當代各行各業的傑出人士，比方說美國的電腦奇才比爾·蓋茨（Bill Gates）、英國作家J.K.羅琳（J.K. Rowling）、美國物理學家理查·費曼（Richard Phillips Feynman）、華裔建築大師貝聿銘、美國籃球巨星麥可·喬丹（Michael Jordan）、原籍奧地利的美國管理學大師彼得·杜拉克（Peter F. Drucker）、美國昆蟲學家和生物學家艾德華·威爾森（Edward Osborne Wilson）、英國保育專家珍古德（Jane Goodall）等等。

● 傑出人物的共同特質

當有了一定數量的樣本以後，我發現儘管人生的道路是不可能複製的，我們每個人也都應該盡可能努力去走出自己的人生，可是看看這些各行各業的傑出人物，歸納起來在他們身上還真的有一些共同的特質。

第一，他們都擁有一種所謂「成功者的性格」，簡單來說就是天性都比較積極樂觀；第二，他們都屬於比較早慧，以大白話來說就是開竅比較早，在年紀還小的時候就已經找到了自己的興趣，這一點至關重要，因為一個人的興趣所在，往往也就是他的能力所在；第三，這些在各行各業出類拔萃的人物，無一例外，都是從小就培養了閱讀的好習慣。

分析以上這三個特點，無論是天生具備成功者的性格，或是比較早慧、資質比較好，老實說這兩方面真的是很難複製和學習，有的人真的就是那麼的陽光、那麼的天才，唯獨第三點——從小就培養了閱讀的好習慣——這一點就很值得我們來學習了。

若再進一步去了解，我們就會發現，這些人物從小所培養的閱讀習慣，有的是屬於先天，彷彿天生就比較喜歡親近文字、熱愛閱讀，但確實也有些是屬於後天靠著

家長有意識的培養。

有這麼一句話，本來只是一句廣告詞，可是很不幸，很多家長都當真了，於是乎很多孩子就慘了。這句話就是——「別讓你的孩子輸在起跑線上」。幸好近一兩年，總算也看到一些反思的文章，比方說「到底哪裡算是人生的起跑線呢」？有的人可能一出生就已經差不多在終點線了呢。

● 你，就是孩子的起跑線

我很認同一個觀點，那就是——「你就是孩子的起跑線」！

這當然是針對家長而言，告訴我們、也提醒我們這些做家長的，不要忘記先天條件我們或許無能為力，但後天的成長環境對於一個人的影響真的是非常深遠，甚至會關乎一個人日後是否能夠成才。譬如，如果家長能夠及早培養孩子閱讀的好習慣，那真的會對孩子產生全面性的幫助。

如果把人生比喻成一場比賽，每個人的起跑線各不相同，每個人的家庭環境、資質天分、還有外表長相等等，各方面都是不公平的，根本沒得比，或者應該說其實並沒有什麼好比的。幸好在這麼多的不公平裡，至少還有一件事是公平的，是什麼呢？當然就是時間。我們每個人在一天之內所擁有的時間都是一樣的。

有這麼一個小故事，說我們每個人都在同一個銀行裡頭擁有一個帳戶，每天凌晨也就是在一天剛剛開始的瞬間，這個帳戶就會自動存進86400，然後呢，隨你怎麼用，愛怎麼用就怎麼用，只是在一天結束的時候，那些沒用完的部分，對不起，不能留下來說我想等到過兩天再用，必須全部銷掉，與此同時，新的一筆86400又存進來了。這到底是一個什麼樣的銀行呢？相信大家一定都已經猜到，這是「時間銀行」啊，如果以「秒」為單位，一天不就是86400秒嗎？這是我們每天所能使用的時間，每個人都完全一樣，完全公平。而所謂「沒用完的部分」，指的是「我們沒有善用的部分」。所以，我們一定要善用時間，今天沒有善用的時間是不可能保留下來的。

● 把時間存入閱讀銀行

當然，也許你會說，身而為人總有很多身不由己的時候，有些時間註定就是要被浪費的，這話似乎也沒錯，但不可否認在一天二十四個小時、86400秒中，究竟要如何運用，我們畢竟還是擁有相當的自主性。因此，如果我們能夠善用時間，特別是如果能夠把時間多多用在閱讀上，才能提高我們的競爭力，進而有機會突破起跑線的限制。

再講一個小故事。在東漢時期有一位了不起的學問家，同時也是哲學家、思想家，名叫王充（27-約97年），王充的家境非常貧窮，若以起跑線來看，那王充的起跑線是相當糟糕的，可是王充很喜歡讀書，雖然他所生活的年代距離我們今天至少是兩千多年，那個年代還沒有圖書館的概念，幸好書店裡的書不會包起來不讓人看，王充就經常在洛陽街頭一些書店流連忘返，總是站著看免費書，後來他就這樣靠著不斷地讀書，並且加進自己的思考，寫了很多著作。歷史學家都說，王充對於終結兩漢時期那個非常愚昧迷信的時代，有著相當大的貢獻。總之，雖然不容易，可是長久以來，確實還是有一些人是靠著讀書，衝破了先天起跑線的限制，最終不僅能夠成就自己，還能奉獻社會，活出了生命的價值。

得語文者得天下

只要擁有了閱讀習慣，等於就是具備了一定的自學自修的能力，一方面為自己開創一個比較豐富、不受限制的精神世界，另一方面也是有效提高自己的競爭力。即使是對於那些起跑線比較好的人，同樣也需要加強閱讀，才能夠開創出一個比較高的格局。

此外，我們所說的閱讀，當然不只是為了考試的閱讀，而是指一種全方面的閱讀。有閱讀習慣的人，終身都是受用不盡的。可是，就算是從應考的角度，閱讀的重要性也愈來愈被彰顯和強調。比方說，這一兩年來有一個概念，相信大家都聽到過，就是「得語文者得天下」，這句話真的很有道理。

一個孩子如果天生很有理科方面的細胞，可是不愛閱讀，那他到了中高年級，在

應考的時候就不可避免一定會愈來愈吃力，因為開始有應用題了呀，很多題目很可能並不是他不會算，只是不知道、不確定老師到底要他算什麼。這就是因為閱讀量不夠，因而在文字理解方面的能力出了問題。

一個孩子如果能夠在小學階段把語文學好、也就是把語文的底子打好，隨著年紀慢慢長大，其他學科才可能學得好。語文是一切學科的基礎，語文要怎麼學得好？除了課本上的學習，還是要靠大量閱讀。

就算是比較功利的著眼於應考，閱讀習慣也是一定要及早養成的，特別是孩子在進入小學就讀以前所謂的「學前」，更是一個關鍵期，事實上家長在「學前」這個階段能夠做的事情也比較多，能夠給孩子的幫助自然就比較大。

2 學齡前為什麼是養成閱讀習慣的關鍵期？

學齡前為什麼是孩子養成閱讀習慣的關鍵期？這個問題最重要的一個關鍵詞就是習慣，什麼叫做習慣？按詞典上的解釋：「積久養成的生活方式」，也就是「長期以來所養成的生活方式」就叫做習慣。所以，學齡前是孩子們養成所有良好生活習慣的一個關鍵期。如果在低幼階段，沒能好好養成孩子一些良好的生活習慣，等到孩子日後稍微大了一點，再想要來進行所謂的糾正，很可能就是事倍功半；往往花了很大的力氣，卻不見得能收到什麼令人滿意的效果。

一個人的價值觀跟生活習慣多半都是來自於長輩。先說價值觀，這跟生活習慣還不同，我們在不知不覺之中從長輩那兒接收過來的價值觀，還有可能——只是有可能——經過後天的學習和思考而有所取捨。在成長過程中，總會有那麼一個「自我建設」的階段，會對父母告訴我們的一些觀念產生質疑，進而思考這些來自上一

代的價值觀，到底哪些是我所認同、我打心底願意接受，甚至還想要繼續傳承下去的，這就是所謂的「家風」，哪些又是我所要拒絕、要揚棄的。

曾經聽一位男性友人說過一件事。在他小時候，父親總是對他說：「兒子啊，男子漢、大丈夫，將來要志在四方，不要把心留在家裡。」等到他長大了，在單身時還沒怎麼想過這個問題，一直到後來結了婚，又過了一段時間，當他對婚姻生活有了一番體悟之後，回憶起過去父親告訴他的這個看法，就愈來愈不以為然，因為他覺得其實家庭才是最重要的，自己的心當然要留在家裡。這就是一個價值觀有可能改變的例子。

● 避免將錯誤事情合理化

以一個孩子的成長來說，青春期往往是價值觀最容易發生劇烈鬥爭和變化的時候。在孩子小時候，因為沒有行動力，經濟上也不能獨立，在客觀環境上對父母只能是「言聽計從」，這個時期父母的形象往往都是比較高大的，彷彿無所不能，至少也是權威感十足，可是到了青春期，孩子的行動力大大提高，再加上透過求學，思想上也受到一定的影響和啟迪，回頭再來看父母，感覺就會大不相同。如果只是赫然發現「原來父母只不過是普通人」這都還算是好的，有的孩子甚至會對父母產生鄙夷之心。當然，這些負面的情緒不見得都是正確的，有時也是由於孩子的心智不夠成熟、看待事物的角度不夠全面、對父母過分嚴苛而造成的誤解，於是乎很多人都要等到自己也進入社會，並且也為人父母了之後，才會迎來一次能夠比較客觀看待父母的機會。

無論是怎樣的價值觀，想要改變來自上一代的影響並不容易，這就是為什麼一些會對老婆動粗的男人，往往是成長於有家暴現象家庭的原因。一個小男孩在小時候看到爸爸動手打媽媽，經常會因自己太過弱小無法保護媽媽而自責難過，不曾想許多當年的小男孩在長大以後，竟也重蹈覆轍變成一個會對妻子家暴的男人。一個人在長大以後，居然會變成自己小時候最討厭的那種大人，這可真是太令人遺憾了！這就是因為我們許多價值觀都是在不知不覺之中，以一種潛移默化的方式接收過來，比方說，會家暴的男人總認為自己也是不得已的，都是被老婆逼的，都是老婆

Sweet home

自找的，日後只要我們一旦置身於類似的情境，那些早就聽慣了、習慣了的諸多想法就會自然而然的冒出來，而非常輕易就被拿來作為藉口，把錯誤的事情加以合理化，視為理所當然，成為「理不直而氣壯」的現象。

●改變價值觀與生活習慣

想要改變來自上一代的價值觀尚且如此困難，如果是想要改變生活習慣呢？恐怕也不是易事。因為，所謂的生活習慣，我們受到的影響不止是來自長輩，甚至是來自祖祖輩輩，影響是相當深遠的。許多移民西方國家多年的台灣人，始終還是保持著「台灣胃」就是一項明證，這些同胞儘管也能適應甚至可以說喜歡西式食物，但最多也就是做到中西合併，意思就是說他們怎麼樣都不會拒絕中華美食，品嚐中華美食永遠是一大樂事、一大享受。

在我自己身上也有過一個印象深刻的小例子。說來也許大家會覺得誇張，我是直到國一才知道原來在這個世界上有一種蔬菜叫做洋蔥。有一天，放學後去同學家玩，同學的媽媽留我下來吃晚飯，稍後我在飯桌上看到一道從來沒見過的菜，就好奇的問：「咦，這是什麼？」結果，大家一聽，馬上都像看外星人似的看著我說：「這是洋蔥呀！你怎麼會不認得？」

● 見怪不怪

為什麼我會不認得？原因很簡單，因為我媽媽是不吃洋蔥的啊，她非常非常討厭洋蔥，所以我們家的餐桌上從來都見不到洋蔥。

後來，再聽到一些表面上看似難以想像的事（譬如從來沒見過香蕉的人，第一次把香蕉拿在手上會不停翻來覆去的研究，不知道該怎麼吃），我都覺得見怪不怪了，因為那回初識洋蔥的例子，讓我體會到由於生活經驗的不同，確實會讓我們的見識受到局限。

順便一提，正由於個人的生活經驗總是相當有限，所以，如果總是憑著自己的經驗，去對別人的生活指手畫腳，這不僅無禮，也毫無道理。

回到生活習慣。如果跳脫個人而往大一點的方面來說，變化就更明顯了，譬如大家總說湖南人、四川人喜歡吃辣，江南偏好清淡，或者北方人喜歡吃麵條，南方人喜歡吃米食，這些都是顯著的例子。當然，之所以會造成這些差異，首先是和地理環境有關，地理環境確實會深深影響我們的生活習慣。總之，生活習慣是從小養成的，長大之後往往就不容易改變。

●再忙也要讀一本書

閱讀就是一種生活習慣。很多人總說「我呀，其實也不是不愛看書，只是太忙，沒時間啊」，這真的是　句鬼話，只不過充分說明這個人就是沒有閱讀習慣而已。大家只要稍加留意就會發現，凡是有閱讀習慣的人從來就沒有一個是閒人。只要有閱讀習慣，不管再忙生活裡也始終會有書，並且無論何時何地只要一打開書，都能很快就靜下心進入書本的世界。而閱讀習慣就像其他任何一個良好的生活習慣一樣，幾乎都是從小養成的。

講到這裡，我們還是要再次強調一下，孩子在學齡前養成閱讀習慣有多麼的重要。首先，就算是比較功利吧，閱讀確實會對學習產生很大的助益，因為我們的理解能力、邏輯思維能力等等，往往就是透過閱讀，無形之中所培養起來的，所以，語文學好了，其他學科也才可能學得好。其次，當一個年輕人離開校園開始進入社會大學以後，大家都知道想要在職場上表現出色，一定要保持不斷學習的態度，那怎麼樣叫做「不斷學習」呢？其實最重要的方式就是要靠閱讀。可以這麼說，有閱讀習慣的人才有能力適應時代的變化，因為閱讀不僅會帶給他精神上的愉悅，刺激他思考，促使他做一個有追求的人，同時，透過閱讀還能隨時吸收新知，不斷提升自己（「天天向上」應該不止是對小朋友的要求啊），這麼一來自然就不易遭到時代的淘汰。

還有一點也很值得我們注意，那就是一個有閱讀習慣的人，知識面總是比較廣泛，常識也總是比較豐富，這就是所謂的見多識廣，世間有很多事，不見得都非得要親身經歷才能了解，聰明人都能夠透過閱讀來增廣見識，不難想像他的發展機會一定也會比較多。

●要增廣見識，靠閱讀

舉一個例子。假設現在單位有一個要到海外去工作或是進修學習的機會，合適人選有兩個，第一個我們就叫他「專業男」吧，專業雖然很不錯，但是對專業以外的事一概沒興趣、不了解，另外一個我們叫做「多才多藝男」，則在一定的專業能力之外，對其他領域也有所涉獵，甚至還會略通一兩個業餘愛好，譬如圍棋、二胡什麼的，那麼，如果你是老闆，你會選派哪一個？按常理推測，除非兩個人的專業素養實在是差距很大，「專業男」才有機會勝出，否則老闆應該都還是會選派「多才多藝男」吧，因為「多才多藝男」的知識面比較廣泛，常識比較豐富，不僅與他人的交流不會有問題，不會像「專業男」那樣，對於專業以外的其他一切話題通通都答不上，同時，一個有興趣愛好、對於許多領域都有所接觸的人，就像「多才多藝男」，表示一定是一個樂於吸收新的信息、樂於學習的人，這樣的人代表公司到了海外，一方面會讓老闆臉上增添光彩，另一方面他自己也一定比較容易融入當地的環境，不至於適應不良。

在這整個過程中，有沒有良好的閱讀習慣自然起著關鍵性的作用。像「專業男」，如果說他缺乏閱讀習慣，他一定不服氣，問題是如果與「多才多藝男」兩相比較，「專業男」在進入社會以後，所閱讀的東西大概幾乎都是與工作、與專業有關，除此之外就一概不接觸，認為沒用。實際上，一個人的氣質、氣度、精神面貌、層次、見識，往往就是來自於那些表面上好像是沒用的書。比方說，如果想要了解西方，就算你不是天主教徒或者基督教徒，可是對於聖經的故事，裡頭有很多典故還是應該要知道。還有就是希臘羅馬神話故事，這也必須接觸，也因為這些都是西方文明的源頭，如果你從不接觸，對於西方人所重視的精神，他們代代看重的價值觀，你就沒法了解。

至於該如何接觸和了解，當然就是要靠閱讀。如果想要僅憑一些去過西方的人來了解西方，那是非常危險的，因為如前所述，個人的經驗都相當有限，也很容易產生偏頗，唯有透過自己有意識、有計劃的閱讀，才能獲得比較可信且有深度的信息。

● 終身閱讀，才不會被時代淘汰

在台灣很多小學的校園，經常會看到這樣一句標語：「終身學習，終身運動，終身省思」，這是一個教育埋想，希望培養身心健康、懂得自我反省的孩子。怎麼樣才能「終身學習」、「活到老，學到老」？主要就是要靠著「終身閱讀」啊！只要把閱讀當成是一種生活習慣，就能永遠保持一種可貴的學習力。我們看看身邊那些可愛的老人家，儘管年紀老大，但依然能夠洋溢著朝氣，就是因為他們都還有學習的能力，反觀那些麻煩的、不好相處、晚輩總是避之唯恐不及的老人家，一個個就都是食古不化、冥頑不靈，不是說他們人有什麼不好，無非就只是他們已經沒有學習能力了。畫家吳冠中（1919-2010）曾經說：「所謂代溝，不是指年齡，而是指思想。」就是這個意思。當一個人覺得自己知道的已經夠了，足以應付生活了，這就表示他已經開始老了。所以有的人明明才二三十歲就暮氣沉沉，已經老了，有的人則明明已經七老八十，給人的感覺卻還是很年輕。這是真正的青春永駐啊。

家長給孩子的最好禮物

如果能夠讓孩子在學齡前這個非常重要的關鍵期，養成閱讀的好習慣，真可說是家長所能給予孩子最好的禮物了。時代變化得太快，再加上個人的局限，哪怕是再天才、再英明的家長，恐怕也很難有絕對的把握，說自己能夠指導孩子一生，還是要靠孩子自己始終保持著學習能力才行。

此外，如果家長本身有閱讀的習慣，那就正好可以運用幼兒普遍具有的兩個特質，來養成孩子的閱讀習慣。一，這個年齡段的孩子都是很喜歡模仿的，大家一定看過這樣的照片或圖片，畫面上是一個大概只有兩三歲的小女孩，穿著媽媽的高跟鞋，戴著媽媽的項鍊，甚至還學著媽媽的姿態化起了妝，把自己的小臉畫成了小花貓，這就是模仿啊，試想如果孩子經常看到爸爸媽媽在看書，自然而然也會模仿，應該會更容易親近書本；二，孩子在學齡前的幼兒階段對家長都是比較依戀的，也就是老喜歡黏著爸爸媽媽、喜歡跟爸爸媽媽在一起做一些事，或者進行一些活動，如果家長能夠經常帶著孩子做親子閱讀，當然也能有效幫助孩子養成閱讀習慣。

學齡前真的是協助孩子養成閱讀習慣的關鍵期，我們應該盡可能在這個階段，讓孩子把閱讀當成是一種生活方式，讓閱讀就像呼吸一樣自然，這樣對於孩子未來的學習、成長以及未來的發展等各方面，都會有很好的幫助。

3 閱讀從幾歲開始？

閱讀應該從幾歲開始？我認為理論上應該從零歲開始，也就是從寶寶出生以後，我們其實就應該把握機會開始帶著孩子進行閱讀了，只不過當然要配合孩子的年齡，成長總是有一定的過程，不能操之過急。比方說，從零歲開始到一兩歲之間，這個階段對孩子來說，所謂的「閱讀」，幾乎都是接觸遊戲書，或者是著重認知和學習目的的字卡、繪本等等。

繪本本來就是有很多種類，有文學性的，也有學習性、教育性的。

● 閱讀，有助腦波活動

為什麼閱讀應該從零歲開始？科學家們做過一種實驗，發現當我們在觀看影視作品的時候，哪怕畫面非常的刺激，一會兒飛車一會兒爆炸，但我們的腦波活動卻是非常的平靜，平靜到什麼程度呢？竟然跟睡眠狀態差不多！是不是覺得不可思議？怎麼會呢！難怪有的人下了班以後，吃過晚飯收拾好坐下來，想看看電視休息休息，可是看著看著就不知不覺的睡著了，原來當我們在做「看電視」和「睡覺」這兩件事的時候，腦波活動是非常近似的。但是，當一個人在閱讀的時候，腦波活動就非常劇烈了，為什麼呢？主要應該是由於閱讀其實是一種「再創作」的過程，我們的大腦要把眼睛讀到的字、詞、句子等等消化組織，然後在我們的腦海裡形成一個畫面，或是一個概念，這可是一個不簡單的工作啊，因此閱讀才很需要集中注意力，只要一走神，剛才到底讀了些什麼，大腦就一片空白了。正是因為要再創作，腦波活動自然就會比較劇烈。對孩子的發育來說，對腦波活動的刺激當然是愈早愈好。

請大家千萬不要小看了小baby。別說小baby了，就連植物似乎都會有感受力的。在英文裡有一個詞，叫做「Green Finger」，意思是「綠手指」，是專門用來形容那些出色的園藝家。而根據記者採訪，這些園藝家有一個普遍的心得，那就是——要

經常和植物交流，由衷的付出愛心，他們在為植物澆水、施肥、修剪時，都會不斷跟寶貝植物說話，或是唱歌給植物聽，如果覺得自己的歌喉不佳，至少也會放音樂給植物聽。外人看起來這些「綠手指」們是不是都有點兒神經啊，居然會跟一盆萬年青或是一盆玫瑰花「交流」，但實際上用這樣的方式，他們所養出來的植物確實就是長得比較好。

● 小嬰兒也會打交道

連看似無生命的植物都需要交流，都能受到愛心和藝術的感染，何況是小baby呢！打從一出生，其實每一個小baby就已經有所謂的「嬰兒氣質」，也已經懂得如何跟外界（主要是想跟照顧他的人）來交流，主要就是用哭的嘛！再加上肢體語言，一個看上去彷彿什麼也不知道的小baby，就已經能夠傳達信息了。因此，細心的人從小baby的哭聲中，能夠很快就分析小baby不同的需求，判斷小baby是餓了，無聊了，或是需要換尿布了，或者還不想睡，或是剛剛睡醒想要人抱。

在感受力方面，小baby當然也是有的，儘管他還不會言語，但是一個善待他的人靠近，他會微笑，會表示歡迎，反之就會哭鬧，以此來表示害怕和抗拒。不是有些新聞中，家長就是因為看到保姆一靠近寶寶，寶寶就哭，因而起了疑心，然後暗中安裝監視器，進而才赫然發現虐嬰事件的嗎？

從嬰兒到幼兒，隨著孩子們的成長，無論是感受力或表達力自然也會慢慢進步。以感受力來說，孩子們從來就不缺乏，成人世界中的喜怒哀樂，孩子們同樣會有感受，只不過因為年紀還小，生活經驗和知識都還非常有限，看待生活中很多事情的角度和所關注的重點，不免都比較片面和單純而已。

比方說，一講到「公平」這個話題，成年人馬上想到的很可能都是一些辦公室裡頭的事情，「為什麼平常都是我做死做活，可是好處從來就輪不到我，真是不公平！」而一個幼兒心目中的「不公平」，或許是「為什麼弟弟比我多吃了一顆巧克力？」、「為什麼明明是弟弟先動手，到頭來挨揍挨罵的都是我？哼，真是太不公平了！」

大人不要覺得孩子小題大作，或者孩子們的不悅都不值一提，舉凡這些手足之

間的爭執、誰多吃一顆或少吃一顆巧克力還不都只是一些雞毛蒜皮的小事，有什麼好在意的……如果大人抱持這種無所謂的態度，一定會在無形中傷到了孩子而不自知，因為孩子的感受是真實的。

●最好的文化刺激

正因為即使是幼兒也不缺感受力，我們更應該在孩子學齡前多給他們的大腦一些刺激，讓他們的腦波活動能夠比較活潑，對孩子的成長、包括智慧的開發，當然都會有很大的幫助。而最好、也最重要的文化刺激自然就是讓孩子接觸書本，讓孩子從閱讀中來獲得。

因此，閱讀從零歲就可以開始了。

當然，在幼兒階段的閱讀，如前所述還是以認知學習的字卡、繪本及遊戲書為主。此外，在培養孩子閱讀習慣的時候，其實還可以同時進行其他方面的教育，比方說，不妨趁此機會培養孩子的公德心。

當我們帶孩子去書店或是圖書館的時候，應該告訴孩子這裡是公共場所，是屬於人家共有的地方，要保持安靜，不要大聲喧嘩、到處跑動，書看完了以後一定要記得放回原處，方便下一位讀者閱讀。總之，就是要懂得將心比心，不要影響別人，能夠時時為別人著想，這就是公德心。

我曾經在寒暑假到過大陸好幾個城市的大型書店，聽書店的朋友說，一到寒暑假都要請很多工讀生來幫忙，幫忙做什麼呢？主要就是負責把書歸位，因為很多孩子都不太有這樣的習慣，書看完以後都是亂丟一氣，這麼一來工作人員就得跟在後頭不斷的把書重新上架，工作量很大。但這些工作其實不是書店人員理所應當非要付出不可，只要家長能夠有這方面的意識，教會孩子看完書以後要記得歸位，工作人員不就可以省下很大的力氣了？所謂「家教」，不就是我們家長要教給孩子的嗎？

所以，閱讀應該愈早開始愈好，因為在培養孩子養成閱讀習慣的同時，也可以進行許多德育教育，真是一舉多得的美事。

4 閱讀的性質有哪些？

閱讀的性質有哪些？簡單來講有四種性質。

第一種，是功能性的閱讀。譬如我們看個路牌、地圖、說明書等等，這些都屬於功能性的閱讀。

講到說明書，如果這個負責撰寫說明書的人，語文程度不夠好，詞不達意，寫出來的說明書恐怕什麼都說明不了，只會讓人乾瞪眼。當然，反過來說，因為要考慮到有些消費者的語文程度不佳，在文字理解上有困難，說明書幾乎都會以圖文配合的方式來呈現，因為圖像畢竟比較具體，而直接提供你一個圖像，似乎也比讓你靠著文字自己去建構一個圖像要來得簡單可靠。畢竟，說明書的任務，就是要讓每一個消費者都能看得懂，然後在看懂之後立刻就能上手。

●成功學，販賣一種希望

除此之外，很多人在進入社會以後就算偶爾還會接觸書本，但永遠只看本行的書，比方說商業人士就只看關於推銷或者是經營方面的書，對於其他類別、領域的書籍完全不碰，這也屬於功能性的閱讀，因為閱讀就是為了一種特定的目的，希望在讀了以後立刻就能對工作產生明顯的幫助。

曾經看過這麼一則報導，說有一年經過統計，全美圖書館借閱率最高的一本書，叫做《無風無險賺大錢》。光是看這個書名就知道，所有會來借閱這本書的人，肯定都是出於功能性的閱讀。

還有一個類似的例子，就是熱衷閱讀成功學的書籍。其實，所謂的「成功學」，所販賣的無非就是一種希望，甚至可以說是一種夢幻吧，接觸這一類的書籍、如此功能性的閱讀，本身倒也無可厚非，有時確實也能產生激勵人心的作用，但是像這樣的書，看個一兩本就行了，似乎不必多看，多看的話就實在沒有什麼太大的意義，因為內容都是差不多的。

保有童真和童趣

第二種閱讀的性質，是僅僅針對學習上的閱讀。也就是說，限定和窄化了閱讀這個事情的意義，總希望閱讀能夠對學習產生立竿見影的效果，巴不得有人能夠保證每讀一本書就能在考試時增加一分。有好些家長，或許因為經常聽老師說「要讓孩子大量閱讀」、「大量閱讀對孩子的學習會有幫助」，於是半信半疑的允許孩子接觸課外書籍，可實際上心裡卻總是在犯嘀咕，總是會質疑「小孩子看這些書到底有沒有用啊」？像這樣的家長，實在是太過焦慮，同時也太過注重閱讀的功能性了。

以我的親身經驗，這十幾年來因為每年都會在華文地區包括大陸、台灣、港澳和東南亞帶小朋友的寫作營，自然而然會有些比較，說真的，以華文程度來說，大陸的小朋友真的要比其他地區的孩子們高出很多很多，之所以會有這麼大的差距，除了大陸的基礎教育比較扎實之外，關鍵就在於大陸小朋友的閱讀量普遍都很大，而這個閱讀量，當然就不止是課本上的閱讀，肯定也包含很多表面看起來「似乎沒什麼用」的課外閱讀。

先享受樂趣最重要

可惜的是，語文程度好不見得就一定能寫出更好的作文。比較起來，我感覺大陸小朋友的作文有一個比較明顯的通病，就是會比較匠氣，比較欠缺童真和童趣，可是經過跟小朋友們的交談，我發現並不是說大陸的小朋友就沒有童趣，而是很多大人總像是在教數學一樣的教作文，總喜歡讓小朋友們套一些公式，或者鼓勵他們寫一些言不由衷的套話，這麼一來，就算小朋友有很好的語文程度，也不易在作文上有很好的發揮。作文這個事如同烹飪，材料畢竟還是最重要的，如果沒有好材料（包括真情實感），「語文程度好」就像擁有一大堆很棒的工具，可依然會面臨「巧婦難為無米之炊」的尷尬。

因此，誠懇的建議家長，不要那麼焦慮，也不要把閱讀這個事只限定在功能性的閱讀，還是盡可能讓孩子們先充分享受閱讀的樂趣吧，只要孩子有了樂於閱讀的好習慣，並且能夠自由自在的大量閱讀，自然會在無形中慢慢累積語文程度，這個程度既是貨真價實，就總會反應出來。到那個時候，家長所希望看到的「閱讀的功

ABC
Cook
Work
Work

能性」（對學習上的幫助）還是會有所彰顯。

關於這方面，我們稍後會再談。

第三種閱讀的性質，就是消遣性的閱讀。舉一個例子，多年前我曾在加拿大的多倫多欣賞了著名的音樂劇《歌劇魅影》（The Phantom of the Opera），這是英國音樂劇奇才韋伯（Andrew Lloyd Webber，生於一九四八年）一齣非常傑出的作品，問世都超過三十年了，至今在全球都還是歷久不衰。那年在去欣賞《歌劇魅影》之前，我只知道大概的劇情，也知道是根據一本小說所改編，但因為還沒有讀過原著，所以並不清楚，於是在看完以後就趕緊去找了原著來看。其實理論上應該先讀過原著再去欣賞音樂劇，因為閱讀是基礎，其他的表現形式諸如音樂劇、舞臺劇、芭蕾舞劇等等，在劇情上一定是比較簡化的。

總之，原著是一本同名的法國小說，篇幅挺長，中譯本足足有五十萬字，作者是卡斯頓·勒胡（1868-1927），他出生於巴黎，原本學的是法律，畢業之後卻改行當起了記者，後來又放棄了記者生涯，寫起了小說。在勒胡二十八歲那年，巴黎歌劇院發生一樁不幸事件，演出廳大吊燈意外墜落而砸死了觀眾，勒胡看到這則報導之

後，靈光一現，遂運用豐富的想像力，寫了一個充滿神秘浪漫色彩，又帶著幾許淒涼的奇情故事。

其實這本長篇小說的文學成就一般，如果不是幾十年後被韋伯「慧眼識英雄」，認為這本小說非常適合以音樂劇的形式來呈現，或許世人早就遺忘了這個故事，可自從韋伯推出《歌劇魅影》以後，勒胡的原著也就跟著鹹魚翻身了，又大大暢銷了好一陣子。畢竟這個故事的情節性還是挺豐富也挺曲折。我在欣賞了《歌劇魅影》的音樂劇後，轉而去讀了原著小說，想要對這個故事的細節能夠多了解一些，這就是屬於一種消遣性的閱讀。

● 不帶功利色彩，才是真閱讀

第四種閱讀的性質，是追求完善自己。這是不帶任何功利性的閱讀，完全著重精神層面，非常可貴。

我真的很希望家長們在看待閱讀這個事情上不要那麼功利，其中一個重要的準則，就是避免總是以「有用沒用」來衡量一本書的價值。

比方說，很多家長一發現孩子在看一些文學類的書譬如童話和小說，總是馬上就很不以為然，然後大肆批評說這些都是假的，讀這些書有什麼用——真的是這樣嗎？

我們看看那些國際書展，一般都是把書先分成兩大類——「Fiction」（虛構）和「Nonfiction」（非虛構），所謂的「虛構」，指的就是像童話、小說等等文學，都是作者基於真實的感觸，再發揮創造力，以文學化的方式完成的創作，而「非虛構」則是指文學以外的所有領域，像醫學、社會學科等等。「虛構」的書籍是很重要的，它們之所以重要，特質之一就是在表面上、在眼前看起來好像「沒什麼用」，實際上對於一個人心智的成長、成熟卻是往往有大用。簡單來說，文學向來就是陶冶性情的，還能夠在無形之中啟迪我們的智慧，並且讓我們成為一個有追求的人。舉一個例子，只要看看很多科學家或者太空人的成長歷程，就會發現他們在小時候、年少時期，普遍都很喜歡科幻小說，都表示從閱讀科幻小說中得到很多的樂趣和啟發，那科幻小說不都是虛構的、是假的嗎？可依然是很有價值呀。

再比方說，也有不少醫生在說起自己之所以會立志學醫時，都不約而同的表示是因為讀了史懷哲的傳記，史懷哲（Albert Schweitzer, 1875-1965）是德國的醫生，也是一位哲學家，以及令人尊敬的人道主義者。他真的很了不起，在他三十八歲那一年（1913），毅然決然跑到非洲的加彭，在那裡建立了叢林診所，從此就一直在那兒從事醫療援助工作，一直到去世為止，長達五十二年，都超過半個世紀了！長久以來史懷哲的故事、史懷哲的傳記，不知道感動激發了多少人的愛心和使命感。

「榜樣的力量」應該是傳記作品極大的價值之一，史懷哲的傳記就是這樣深深影響著世人。

● 文學與藝術，反而對人生最有用

所以，文學和藝術往往反而最有用，因為它們有機會對一個人產生很大的正面作用。如果一個孩子能夠透過閱讀，主動去思考自己的未來，找到人生的方向，無疑就是找到了天天向上的動力，那麼家長也就再也不必為了孩子的學習而太過操心。

「找不到什麼學習的動力」、「好像學習都是為了應付家長」，這樣的情況才需要擔心。

再說一個人的精神素養和面貌，多半也是來自於這些表面上看起來、目前看起來好像沒什麼用，至少不是看完之後立刻就能反應在學習成績上的書。

總之，當孩子們在閱讀這些書的時候，希望家長能夠多一點包容，要想到這些書對於孩子的人格成長有可能會發生非常深遠的影響。舉一個小小的例子，大家只要不妨想想看，有多少惡行其實都只是出於一種心靈上的空虛和茫然？如果是一個精神世界充足，懂得、也相信世間有真善美的存在，同時對自己也有所要求的孩子，怎麼可能會學壞呢？

5 流覽網上的文章算不算閱讀？

流覽網上的文章算不算閱讀？當然算，只不過如果把書比喻成是精神食糧，網上的文章充其量應該只能算是「零食」，千萬不能當成是「正餐」。

在英國經常會針對中小學生舉行一種閱讀測驗，考過之後校方就會宣布，經過統計我們現在有多少學生是屬於「Can not read」，就是說「不能閱讀」。請注意，所謂「不能閱讀」並不是指文盲，什麼是文盲？完全不識字，這個才叫做文盲，那「不能閱讀」又是什麼呢？意思是說如果給他一篇文章，讓他獨立閱讀，這個學生把文章拿過來之後，從第一個字開始讀起，一個字一個字、一個詞一個詞地讀下去，或許每一個字和詞他多半也認得，但是讀完以後就是沒有辦法把它們組織在一起，最後你問他這篇文章是在講什麼？他會一臉茫然，完全答不上來，因為就算他好像勉強啃完了這篇文章，可是對於文章的重點、中心思想還是一點也沒有辦法掌握和理解，像這樣的情況就叫做「不能閱讀」，其實也就是有閱讀障礙。

為什麼會有閱讀障礙呢？最重要的原因自然是語文程度不夠。

「多讀」是好事，但「多讀」不是就一定能提升我們的層次，包括增強我們的語文程度，因為還得看看究竟都在讀些什麼？

● 質量好的文字，多半在書籍報刊雜誌中

德國大文豪歌德說，如果總是只讀平庸的作品，不可能提高我們對文學的鑑賞力，也是類似的意思，因此，所謂的「開卷有益」也是有前提的，如果總是只讀一些不值得多花力氣去接觸的東西，讀得再多也未必會有什麼好的助益。

同樣是書，都還有優劣之分，那同樣是閱讀，閱讀傳統紙媒（也就是報章雜誌）以及書籍上的文章，和閱讀網上的文章，當然也會有區別的。

我們不妨先來看看一篇發表在網上的文章，跟一篇發表在報章雜誌上的文章，在過程上有什麼樣的不同？

必經編輯嚴格把關

一篇發表在報章雜誌上的文章，首先，得面臨編輯嚴格的挑選。任何一個版面，無論是報紙副刊的版面或是一本雜誌的篇幅都是有限的，作者所面對的都是一個「粥少僧多」的局面，激烈的競爭自然就不可避免。比方說，一個副刊的版面可能只能容納一萬字，為了版面看上去不會太過單調，通常可能至少會需要六七篇長短不同的文章，然而編輯所收到的來稿經常都是三四十篇、加起來足足有兩三萬字篇幅的作品，編輯當然不可能每一篇都用，勢必要進行一番篩選，可想而知在正常情況之下，最後被挑選出來的一定都是精品，只有那些寫得好的才有可能被挑選出來。

一篇文章在被決定要採用了之後，就會開始進入編輯作業。這是一系列繁瑣的過程，包括編輯要把稿子再檢查一次，理理順，看看有沒有一些筆誤，就是一些不小心寫錯的字，或者是覺得不大通順的句子——不過，這個當然也要看作家。

有的作家非常非常痛恨編輯動自己的心血，哪個編輯膽敢「亂改」自己的稿子，他就怒氣衝天，恨不得要跟編輯拼命……多年以來中外文壇都流傳過不少這樣的

「名人軼事」。

一般而言，作家既然把稿子交給了編輯，理論上自然就是同意、接受編輯對自己的稿子做一點處理，「編輯」畢竟也是一種專業啊，在刊登之前把稿子做一些必要的處理、修改，都是編輯份內的工作，也是編輯的權利。

當編輯把稿子處理好了，編輯作業的第一階段就算完成了，接下去就開始發排。在過去還沒有電腦、一律都是手稿的時代，會有「撿字工」（就是鉛字工人）一邊看著稿子，一邊按著稿子把需要的鉛字一個一個的找出來。一位經驗豐富的撿字工，就算拿到的是一份作者字跡潦草、或者是被編輯改得慘不忍睹的稿件，也依然可以在最短的時間之內，非常準確的找出所需要的全部鉛字，並且排列整齊。當然，這其中也會發生很多忙中有錯的趣事。

記得當年我還在報社上班的時候，就聽一位同事說過這麼一件事。他的名字叫做「金文光」，可是第二天看到報上刊登的竟然是「本報記者全文完報導」，「金文光」居然變成了「全文完」，這位金先生恐怕只能懊惱自己的字寫得太過龍飛鳳舞，難怪撿字工會看錯。這是因為撿字工在工作時，只是盯著稿子然後一個字一個字的去找鉛字，腦子裡不會有功夫去把一個個的字組織成一個合理完整的意思。刊登出來的稿子如果在字、詞和文句上出了什麼錯誤，主要是負責下一個流程的校對人員的責任。只要時間允許，比較嚴謹的單位都至少會校對三次以上，然後再交回到編輯的手上檢查，通常細心的編輯都會親自再校一次。編輯看過之後，交給主編，最後是總編輯……經過這樣分工明確的層層編輯作業，這篇文章才會呈現在讀者的面前。

自從進入電腦化時代以後，在排版這個階段自然是比以前要簡化了（說起來電腦化之後，很多行業都消失了，就像現在再也沒有撿字工了），可只要是發表在傳統紙媒上的作品，基本流程還是一樣的。

● 自媒體時代，人人都是「作家」

反觀如果是發表在網上的文章呢？情況就大不相同。

首先，是在「發表」這個事情上幾乎可以隨心所欲，只要你有意願，開一個臉書或者微博，也可以開一個Blog——台灣叫做「部落格」，大陸叫做「博客」——這樣就行了，從此愛怎麼寫就怎麼寫，只怕自己不夠勤快、不夠堅持，否則的話，想要發表文章原則上根本沒有什麼限制。

現在的文藝青年恐怕很難想像在過去那種「粥少僧多」的時代，身為一個「僧」是一種怎樣的感受，現在不僅「粥多僧也多」，簡直人人都是作家，如果再配合發圖便利、資訊流通迅速等網路時代的特點，自媒體的時代，還人人都成了記者。也正因為如此，身處資訊爆炸的我們，在被大量網路資訊轟得頭暈腦脹的時候，就更要小心面對，謹慎甄別。當然，這是另外一個課題了。

回到創作和發表。坦白講，科技的進步一方面帶來了很多便利，一方面其實也剝奪了很多樂趣。比方說，像我們以前那個「恐龍年代」，投稿真的是一件很隆重的事。第一步，當然是在稿紙上辛辛苦苦一個字一個字的寫，所謂的「爬格子」，是不是很形象？如果要讚美一個人的寫作態度非常勤奮，大家常常會說「筆耕不輟」，這個形容也十分傳神；「輟」是中途停止、廢止的意思，「筆耕」這個說法更妙，因為一格一格的稿紙，看上去就像是稻田，而耕田要靠鋤頭，寫作要靠筆頭，寫作可不就像「筆耕」嗎？

別忘了「筆耕」這個說法由來已久，在過去農業時代，這應該是非常符合當時老百姓生活經驗的聯想，可見寫作從來都是離不開生活的。

等到作品完成，經過自己反覆修改，經常還需要重新謄稿，總之是在自己已經相當滿意的情況之下，才會滿懷希望地把稿件裝進信封，以一種莊嚴的態度寫上報社地址，再小心翼翼的貼上郵票投進郵筒。接下來就是苦苦地等、癡癡地等，每天一早第一件事就是充滿緊張與期待的打開報紙，看看自己嘔心瀝血的大作有沒有變成鉛字刊登出來。

把稿子寄出之後，恐怕多半都是石沉大海，完全無聲無息，因為僧多粥少啊。好一點的可能會收到退稿函，這些退稿函多半都是制式的，甚至幾乎都是列印好的，鮮少是編輯親筆所寫，畢竟編輯們都是大忙人啊，但無論是列印或是手寫，退稿函的內容都大同小異，無非就是先感謝你的來稿，其次就是表示版面有限（確實是太有限了），難免會有遺珠之憾，這次閣下的來稿未能採用，敬請諒解，希望閣下繼續支持，期待再次看到閣下的新作。不用說，看到這樣的退稿函，內心的失望可想而知，儘管人家說「遺珠之憾」，事實上你也知道那只是客氣話，大概經歷過幾次退稿之後，你就會開始嚴重懷疑自己到底是不是一顆珍珠。

只有少數的幸運者能夠看到自己的稿子非常神奇的變成了鉛字，當下的心情真的是可以用「狂喜」來形容！在那一刻，寫作的不易、投稿之後一路飽嘗的心理煎熬，頓時都煙消雲散，通通都不算一回事了！通通都忘得乾乾淨淨了！

● 流覽網文，只是零食

世間一切事物都是一體兩面，期望愈高固然有可能失望更大，但自然也有可能帶來更大的喜悅。這些都是當代人很難體會得到了。當然，像現在這樣大家都很容易發表自己的文章、其實也就是發表自己的觀點，這本身不是壞事，至少讓這個話語權不是完全集中在少數人的手上，只不過如果以文章的嚴謹性和文學性來講，網路上的文章一般來說應該都還是會遜於發表在報章雜誌上的作品。

為什麼呢？因為網路上的文章在發表之前，缺少編輯這個重要的角色啊。

以「表達」這個事來說，一般人都有兩種表達能力——口語表達以及文字表達，網路上的文章通常會比較偏向口語表達，口語表達往往著重傳達資訊和想法，對於文句、修辭之類都不會那麼嚴謹，都是比較隨意，只要基本能做到「詞能達意」就行了，甚至經常會創造一些流行用語，也就是所謂的「網路語言」，這是流行文化的一部分，會不斷淘汰、又不斷推陳出新，很多流行一時的網路用語，過了一段時間，可能很多人就已經搞不清楚是什麼意思了。如果把流覽、閱讀網上的文章當成是「正餐」，在不知不覺之中很容易就會受到這些網路語言的影響，那對於閱讀能力以及文字表達能力都會有不好的影響。對一個孩子來說，「文字表達能力」就是作文啊。所以，流覽網上的文章雖然也算是閱讀，但是請記住，這只能當成是「零食」，不能當成是正餐。

最後，還是要再強調一下編輯的重要。一篇文章、一本書，裡頭所蘊含的編輯的心血，是一般人很難體會到的，所以也才會有一種說法，說編輯是一個「為人作嫁」的職業，是幕後英雄，要真正熱愛的人才會持續做下去。一位優秀的編輯甚至可以催生出一本傑作。下面我們就來舉一個這樣的例子。

●編輯創意，讓大師作品永流傳

在英國，有一本非常有名的青少年讀物，叫做《莎士比亞故事集》，這本書的誕生，當初就是來自一位編輯戈德溫（William Godwin, 1756-1836）的點子。戈德溫有多重身份，早年曾經是一個牧師，後來放棄了牧師職務，改行成了作家。他的妻子也是作家。女兒瑪麗從小熱愛閱讀，喜歡幻想，後來嫁給著名的詩人雪萊為妻，有一回在一個偶然的機緣之下，寫出了長篇小說《Frankenstein》，中譯版本通常叫做《科學怪人》（或是《弗蘭肯斯坦》）。這本書至今仍屬經典作品，瑪麗寫出它的時候只是一個年方十九的少婦。

戈德溫在一八〇五年創辦了一家出版社，翌年邀請蘭姆姐弟（Mary & Charles Lamb）寫作《莎士比亞故事集》。這是因為戈德溫有感於莎士比亞這麼了不起，有這麼多的傑作，應該要讓孩子們及早接觸，可是因為莎士比亞所寫的都是劇本，別說孩子們了，就是一般成年人要來閱讀都不是一件容易的事，應該有人用優美的散文式筆調，像說故事一樣把莎士比亞劇本裡頭的精彩故事呈現出來。這就是戈德溫

想要蘭姆姐弟所做的事。

於是，蘭姆姐弟就挑選了二十個莎士比亞最傑出的作品，包括〈羅密歐與茱麗葉〉、〈仲夏夜之夢〉、〈威尼斯商人〉、〈皆大歡喜〉、〈馬克白〉、〈哈姆雷特〉、〈暴風雨〉、〈奧賽羅〉、〈李爾王〉、〈錯中錯〉等等，用第三人稱的全知觀點來講故事，把這二十個故事情節講述得非常清楚且精彩。

《莎士比亞故事集》問世之後，大獲成功，雖然一開始的讀者定位是青少年，實際上卻同時贏得了很多成年人的喜愛，大家都覺得如果先讀了這本書，再走進劇院去觀看同名的戲劇，就更能欣賞和玩味了。（閱讀是基礎啊！）十幾年後，戈德溫的出版社倒閉了，《莎士比亞故事集》這本書卻留了下來，一直歷久不衰。後來很多「莎學」（就是研究莎士比亞作品的一門學問）的學者都認為，《莎士比亞故事集》對於普及莎翁劇作產生了非常重要的影響，多虧有這本書，才能讓更多大眾都能走近莎士比亞，了解莎士比亞的偉大。

6 什麼是多元化閱讀？

什麼是多元化閱讀？簡單來說，就是閱讀的管道並不單一。

在現代社會，其實閱讀的方式有很多，比方說當我們在等捷運（地鐵）、等公車的時候，漫無目的瞄瞄視線範圍之內的廣告文案，這也是一種閱讀。廣告文案的寫作也不容易，成功的廣告文案能夠用精煉的文字，傳達一個清楚具體、讓人認同或嚮往的概念，一擊即中，深入人心。

又比如看看流行歌曲的歌詞，也是閱讀。已故詩人余光中先生（1928-2017）曾經說，為什麼現在的年輕人好像都不大喜歡讀詩，恐怕是因為年輕人從接觸歌詞，已經能夠享受到像讀詩一般的樂趣了。我覺得這樣的論點很有說服力。確實有很多歌詞真的都很棒，讓人有所觸動，彷彿說進了我們的心坎，或者是為我們代言，說出了我們的心聲，甚至還能帶有濃厚的文學性。二〇一六年諾貝爾獎最爆冷門的，就是把文學獎頒給了美國的歌手鮑勃．狄倫（Bob Dylan，生於一九四一年），狄倫就是一位作詞作曲的好手，諾貝爾文學獎提名委員鮑爾如此推崇狄倫：「音樂和詩本來就是緊密聯繫著的，狄倫先生的作品異常重要地幫助我們恢復了這至關重要的聯繫。」說得多好啊，優秀的歌詞確實值得一讀再讀。

此外，觀察別人的肢體動作，所謂的「身體語言」，這也是一種閱讀，事實上這應該是一種最古老的閱讀了！每一個民族在發展出文字之前，都已經會非常自然用豐富的身體語言來傳達自己的情感，比方說，用唱歌跳舞來表達高興或難過的情緒，音樂和身體語言兩相配合往往是很有感染力的，只要細心觀察，必定能夠從中讀出許多重要的資訊。再比方像默劇藝術，演員完全不出聲，劇場也不會有什麼字幕，可就憑著演員精準的身體語言，仍然可以清晰的「講述」一個動人的故事，並且還能細膩詮釋劇中人的性格，表現劇中人的內心變化。我欣賞過很多次法國默劇大師馬歇．馬叟（Marcel Marceau, 1923-2007）的表演，如今回想起來還是非常難忘。

現代社會，無論是傳遞資訊、知識，或是情感的交流、思想的激盪，管道不像過去那麼單一，媒介很多，「多元化閱讀」應該是一個自然而然的現象，而不同的媒介也都具有不同的特質以及優勢。

● 文字的力量

一般都認為，文字所能提供的想像空間最大，譬如讀者僅憑「一位國色天香的姑娘」這樣簡單的描述，就能在腦海中自行想像出一位非常美麗的姑娘（按現在流行的說法就是「腦補」）。文字對讀者的影響力也最為深遠，短短一兩句話也許就會成為某人的座右銘，抄寫在案頭，時時激勵著自己……這些都是文字的力量，但是，一旦碰到重大新聞事件的時候，在影像這個媒介的面前，文字在事件初期就會顯得比較蒼白無力了。

記得在二〇〇一年，美國紐約發生「九一一事件」的時候，當時就有學者談到了這個問題，說飛機撞上世貿大樓那幾秒鐘的畫面，所產生的視覺震撼真是無與倫比，任憑寫上幾千字都沒有辦法達到那樣的效果，因為影像實在是太直接了，臨場感太強了，這就是影像這個媒介的優勢。只不過若要問後續的信息量和深度，那當

然還是要靠文字。

總之，在當今社會，多元化閱讀是必然的，我們應該善用和掌握不同的媒介，不必去排斥任何一種媒介，畢竟每一種媒介都有其特有的優勢，也許會因某一種新興媒介的出現而導致受眾減少，但要徹底被另外一種媒介所取代也不太容易。

在這裡我們可以舉兩個例子。

第一，當年在電視機問世不久（一九二六年英國的貝爾德發明了電視，十年後英國廣播公司正式從倫敦播送電視節目），很多人都預言以後再也不會有人聽廣播了，因為電視節目有畫面，可以提供聲光效果，相較之下廣播節目只能讓人聆聽，多麼單調，可後來事實證明，儘管廣播節目的受眾群被電視臺搶去很多，但觀眾還是需要廣播電臺的，大家都體會到廣播節目擁有電視節目所沒有的優勢，比方說，深夜的談心節目，讓人安靜，心靈有所依靠。聽著聲音演員的表演所得到的享受，也不一定就比電視畫面差，有時或許反而會更好，譬如聽到一個甜美的聲音，聽眾可以立刻就想像這是一個年輕漂亮的女孩，而不必去追究聲音的主人到底是多大年紀，長得怎麼樣？也許這是一位資深的配音員，也許都已經做奶奶了，可是這又怎麼樣？這絲毫不會影響我們的收聽啊。而如果是電視畫面，演員好不好看、漂不漂亮，觀眾都會有意見，這些意見還不是那麼容易統一，因此也會造成很多困擾，不是有很多電視劇在公布演員名單的時候就遭到許多觀眾無情的批評嗎？無非就是因為觀眾不能認同製作方的審美標準而已。影視畫面太具象了，有時反而會破壞了想像。

● 多元媒介，不要偏食

第二，電子書（e-book）一問世，也是很多人都預言，完了完了！傳統的紙質書籍完蛋了！以後再也沒人會來看書了！可事實上，電子書發展至今也有幾十年了，雖然在技術上不斷的進步，依然不可能徹底取代紙本的書，因為閱讀紙本的書，在閱讀的同時還能提供讀者很多無形的享受，比方說光是欣賞書本的裝幀設計、在翻頁時對書頁的觸感等等，就不是電子書辦得到的。一般家長基於孩子的眼睛健康，唯恐孩子如果接觸太多電子產品會有損視力，普遍也都還是更願意讓孩子閱讀傳統的紙本書。

很多人都是又看影視作品又聽廣播，或者又看紙本的書籍但同時也會接觸電子書，因為這些都是不同的媒介，各有千秋，完全可以同時存在，相輔相成，沒有誰就一定要取代誰的問題。隨著時代的進步，科技還會帶來更多新的媒介，我們應該兼容並蓄，善用每一種媒介，不要偏食，這樣生活的元素才會愈來愈豐富。

講到這裡，我們不妨來談一談漫畫。很多家長都很反對孩子看漫畫，總是憂心忡忡的問「小孩愛看漫畫怎麼辦」？我覺得這個問題其實沒那麼可怕，只要這個孩子不是只看漫畫、也就是說閱讀的類型不是那麼單一，再加上孩子所看的漫畫並不涉及暴力和色情，看漫畫也不過就是一種多元閱讀的表現而已，有什麼好擔心的呢？

並不是說凡是漫畫就必定充斥著暴力和色情，漫畫也只是一種媒介啊，也是有好有壞的啊，這種媒介有一個突出的特點和繪本非常類似，就是著重在「用畫面來說故事」，看一部優秀的漫畫作品，就像是在欣賞紙上電影一樣，你會發現厲害的漫畫家對於運鏡和分鏡都是非常講究的，而在內容方面，漫畫也不全然都是只會打打殺殺，在我所看過的漫畫作品中，很多作品的內涵就都相當深刻。

比方說，《夏子的酒》，除了講述一個製酒家族的故事，也飽含濃郁的日本文化，風格非常清新；《棋靈王》（也有的譯本叫做《棋魂》），藉著幾個棋手的故事，精彩講述了圍棋文化，由於這套漫畫的成功，日本圍棋教育單位還特別借重它來推廣圍棋；《傀儡馬戲團》，強調了人之所以為人，就是因為我們永遠擁有選擇的權利，因此，只要我們選擇了美善、願意靠近美善，就有機會成為更好的自己；在《暗殺教室》裡，一個老師能夠不以學習成績來論斷孩子，再怎麼樣也不肯輕易放棄任何一個學生，並且不斷鼓勵每一個學生尋找自己的特長和價值，對教育的真諦進行了深入的探討，可以說是漫畫版的「吾愛吾師」；《進擊的巨人》，除了反對民粹，也討論了對自由和平的嚮往；《史高治的光輝歲月》（《史高治傳》），在講述主人翁——唐老鴨的叔叔史高治發家奮鬥史的同時，也非常巧妙和生動的融入了美國一百多年以來的歷史……這些都是大部頭的漫畫作品，我覺得都相當出色，我的兩個孩子都會看，甚至會帶著我看（告訴我哪個漫畫好看）。他們看漫畫，我從來不擔心，就是因為他們不是只看漫畫。

● 多元閱讀，以紙本為基礎

事實上，我兩個孩子的啟蒙讀物就是漫畫，是我最愛的《小叮噹》（那個年頭他還沒有被正名、還不叫做「哆啦A夢」）。因為我自己很喜歡小叮噹，陸陸續續收集了幾十冊，我覺得小叮噹的故事都非常的溫馨幽默、又幻想性十足，真的是老少咸宜，所以在我的孩子剛剛開始要接觸書本的時候，我就是讀《小叮噹》給他們聽，我還會配合畫面適時做出一些音效，像什麼「哇！」「碰！」「哎喲！」「不敢了啦！」之類，因為有畫面，孩子年齡再小也很容易親近，再加上故事本身非常有趣，孩子們也會喜歡。直到現在，《小叮噹》裡頭的很多故事都還是我們親子之間的「典故」，有時碰到某一個情境，只要一說「這個好像『小叮噹』裡那個什麼什麼」，大家馬上就能心領神會。

家長不必把漫畫視為毒蛇猛獸，要記得這只不過是一種媒介而已，小孩子接觸漫畫，這本身其實是無可厚非的，只要有所選擇，一不要只看漫畫，應該多元閱讀，並且還是要以紙本的閱讀為基礎（這個我們稍後會再談到）；二是要看好的漫畫，就像書那麼多，當然要看好書，道理是一樣的。

7 多元化閱讀的基礎是什麼？

隨著人類文明和科技的進步，多元化閱讀的現象是不可避免的，是一種必然的現象，但凡事都有根基，那多元化閱讀的基礎是什麼呢？應該還是來自文字的閱讀。

在我兩個孩子小的時候，如果要帶他們去欣賞芭蕾舞劇《天鵝湖》，或是話劇《仲夏夜之夢》，在去欣賞演出之前，我都會設法先讓他們對故事本身有一定的了解。最初我可能是用講故事的方式，然後就是帶著他們閱讀繪本，等到他們稍微大一點，就會主動去閱讀一些相關的書籍，譬如不止是閱讀《莎士比亞故事集》，也會閱讀那些介紹莎士比亞生平，以及莎士比亞所處的維多利亞時代的書。前面我們也提到過，只要是改編自文學作品，其他任何形式的藝術諸如話劇、音樂劇、芭蕾舞劇等等，對於故事的處理一定都是比較簡化，因此，如果能夠先透過閱讀對這個故事、這個作品有一定的了解，再去欣賞，一定更能欣賞領略其中的精華。

文字的深度與廣度

《天鵝湖》是德國作家霍夫曼（1776-1822）的作品，原本是民間故事。霍夫曼是十九世紀德國浪漫主義的代表人物，他還有一個同樣膾炙人口的作品，就是《胡桃鉗》（也有的翻譯叫做《胡桃夾子和鼠王》）。《仲夏夜之夢》，是莎士比亞「四大喜劇」之一，故事相當複雜，但是結構非常精巧，有精靈的世界，也有人類的世界，兩個世界裡的角色在一個仲夏夜陰錯陽差的交織在一起，非常有趣，舞臺效果非常好，可是，這麼複雜的故事，如果你在走進劇院之前完全不了解，就直接跑去看，不管是看話劇、音樂劇或是芭蕾舞劇，那肯定都會看得糊裡糊塗，一頭霧水，有如「入寶山空手而回」，那真的非常可惜。

文字到底強在哪裡？再舉一個例子。大導演李安（生於一九五四年），拍過一部武俠片《臥虎藏龍》，在二〇〇〇年上映之後叫好又叫座，擁有多項獲獎記錄，包括第七十三屆奧斯卡最佳外語片等大獎，是華語電影有史以來第一部贏得小金人的片子。這部片子是根據武俠小說作家王度盧的同名作品所改編，有一段情節令我印象特別深刻，我覺得是一個彰顯文字擁有深度和廣度很好的例子。

●文盲，不識武功秘笈

簡單說一下。女主角玉蛟龍的師父是大壞蛋碧眼狐狸，玉蛟龍的武功都是碧眼狐狸教的，原本在玉蛟龍的心目中，師父非常厲害，她怎麼也想像不出自己的武功有一天竟然會超過師父，可是那一天終於來了，起因是碧眼狐狸找到了一本武功秘笈，然後就跟徒兒玉蛟龍一起研究，這本武功秘笈裡頭所講的每一個招式都是採取圖文配合的方式，可是因為碧眼狐狸是一個文盲，所以她只能看圖，再照著圖比劃模仿，玉蛟龍呢，她是千金大小姐，有受教育的機會，她可是識字的，有一定的閱讀理解能力，因此在學習這本秘笈裡的招式時，她就不是僅僅靠著圖示，還可以透過文字說明去揣摩，就這麼在不知不覺之間，有一天玉蛟龍赫然發現自己的武功竟然高過了師父！碧眼狐狸儘管何其幸運找到了一本武功秘笈，卻因為是一個文盲，學習能力就大大受到了限制。

● 閱讀時為了要主動吸收，大腦更活潑

這一段情節可以說就是展現了文字的力量啊。文字儘管不像影像那麼直接，所提供的空間卻更為寬廣。此外，僅僅是視覺上的吸收是比較容易的，因為這是一種被動的吸收，你不需要多做什麼，只要就這麼看著就行了，而閱讀則是一種主動的吸收，你必須靠著自己眼睛看到的每一個字、詞、標點符號，在腦海裡自行把它們組織起來，由「點」到「線」再到「面」，正是由於視覺的吸收比較被動和簡單，我們在觀看影視作品的時候，腦波活動才會那麼平靜，直到閱讀的時候，腦波活動才會趨向活潑（這點我們在前面的第三篇也提過）。因此，就算只是為了保持大腦的活潑，我們也應該經常閱讀。而大腦活潑了，腦子靈活了，學習起來自然也就更能融會貫通，舉一反三，產生很好的良性循環。

最後，還是要再強調一次，閱讀是我們去認識這個世界，以及理解其他一切形式藝術的基礎。不管你要做什麼，想要提升自己，都得透過閱讀。比方說，一個學音樂的人，如果能夠多讀一些偉大音樂家的故事，努力去了解他們在音樂上的理念，

應該就能更好的詮釋那些名曲；一個學繪畫、學藝術的人，如果透過閱讀能夠先掌握很多聖經故事、希臘羅馬神話故事的典故，在接觸一些名畫（尤其是文藝復興時期的名畫）時，也一定比較能夠欣賞，至少比較不容易發生誤讀。

總之，儘管現代社會閱讀的管道和方式相當多元，但無論如何閱讀始終都還是最重要的基礎。

8 能否善用碎片化閱讀的現象？

首先，我們來了解一下什麼叫做「碎片化閱讀」？這個詞實在是很傳神。以今天來看，主要是指「以手機、電子書網路等電子終端為主要載體的閱讀」，請注意是「主要」，並不是「唯一」的載體，這樣的閱讀就叫做「碎片化閱讀」。

碎片化閱讀第一個特點是很方便。「方便」本來是好事，但因為方便，對閱讀來說就帶來兩個缺點，一，因為所閱讀的文章一般都比較短小，因此當你在進行閱讀這個活動的時候，就很容易造成斷斷續續、跳來跳去的習慣；二，更重要的是，其實任何事物當你一旦太過依賴都會有害，如果長期依賴碎片化閱讀，對於培養我們真正的閱讀能力，自然也就會有傷害，以大白話來講就是說，如果你始終只能讀一些很短的文章，現在要是給你一本書，通常就很難讀得下去。

不要只從手機閱讀

值得一提的是，碎片化閱讀並不只是今天才有的現象，可以說長久以來一直就存在，也一直被很多學者專家提醒過，勸告大家要注意並且懂得因應。在過去沒有智慧型手機、沒有網路電腦之前，什麼樣的閱讀是碎片化的閱讀呢？自然就是報紙期刊的閱讀了，這是相對於書而言。試想一個副刊的版面如果只登一篇文章肯定是不行的，版面看上去會很呆板，所以除非是一篇特別重要的文章，編輯們才會讓一篇文章佔據整個版面，否則都會用幾篇長短不一的文章來搭配。而光是一篇文章的長度（哪怕是霸佔了一整個版面的長文），和一本書的厚重當然還是不能比的，何況是那些短文。

既然碎片化閱讀的現象一直存在，隨著時代科技的進步，又會不斷冒出嶄新的科技產品，如果我們能夠善於應用，不要被這些新興產品牽著鼻子走，那其實科技的進步只應該是造福我們的生活，讓我們的生活更加便利才是，即使是碎片化閱讀也沒什麼好怕的。

避免手機上癮

經常會聽到很多家長埋怨說，這個智慧型手機真的是害人不淺，小孩子整天就只知道玩手機，其他什麼事都不肯做……這個話聽起來是不是很熟悉？在不多久以前、頂多也就是十幾年前吧，那個時候的家長不是經常都在抱怨這個網路啊、這個電子遊戲啊真的是很害人，或者乾脆說這個電腦真的很害人，實際上所有的科技產品本來都只是一個工具、一個媒介，為什麼會害人？還不就是我們自己願意被它牽著鼻子走嗎？

更何況，今天難道只是孩子們喜歡玩手機嗎？很多大人也是整天黏著手機、整天盯著那個小螢幕，就連在開車的時候也不好好開，看電影的時候也不好好看，陪孩子的時候也不好好陪，老是時不時就要刷一下手機，手機一有動靜馬上就要查看，多等一秒鐘都不行，好像人人都是日理萬機的大人物，其實哪有那麼多非要立刻查看回覆的「重要信息」？還不就只是單純的手機上癮了而已吧。會對手機上癮（或者說會對任何一個事物上癮），都只是由於這個人的內心不夠強大，精神生活不夠充實，沒有其他的嗜好，至少八成是沒有閱讀習慣，才會這麼容易就被一個新興事物吃掉了自己大部分的時間。只要有閱讀習慣的人，就算現在的科技很進步，就算現在智慧型手機很普及，也不可能整天盯著手機的。

● 這才是真正的科幻

跟大家講一個小故事。法國作家、擁有「科幻小說之父」美稱的凡爾納（1828-1905），每天都要花很多時間像上班一樣固定去圖書館，閱讀當時所有的科學期刊和相關書籍，然後很認真地做了很多的讀書卡片，他把這些閱讀卡片分門別類妥善保存在一個特製的櫃子裡，作為寫作時寶貴的資料。就是由於長期下了苦功夫，凡爾納作品裡的科學元素非常飽滿，都是基於當時科學知識基礎之上的幻想，是真正意義的「科幻」。無怪乎在法國有這麼一種說法，說所謂的現代科技，只不過是把凡爾納的想像變成了真實而已。

比方說，在凡爾納作品中出現過的「有聲傳真」，不就是後來的電視嗎？「空心炮彈」，不就是太空梭嗎？更不要說在現實世界還沒有潛水艇的時候，凡爾納在《海底兩萬里》裡頭就已經「發明」了一艘能在海底旅行的機器，叫做「鸚鵡螺號」，日後現代第一艘潛水艇以「鸚鵡螺號」來命名，就是為了紀念凡爾納。

比凡爾納稍晚、但應該還算屬於同一時代的英國的科幻小說作家威爾斯（1866-1946），代表作有《時光機》、《世界大戰》等等，雖然也很受歡迎，但還是難以撼動凡爾納在科幻小說這個領域的地位，主要就是因為威爾斯作品裡頭所謂的科幻，比較類似童話，幾乎完全都只是一種幻想而已，沒有任何科學上的理論依據，因此至今也都沒能成為真實。

儘管凡爾納的「預言」也不是每一個後來都能成真，譬如他在《月球探險記》裡頭所塑造的「月球人」，一九六九年當美國太空人登陸月球之後就被打破了，無論如何凡爾納為了使自己的幻想能夠更加真實、更具科學色彩所付出的努力，著實令人佩服。假設凡爾納是活在現代，看到有這麼多好用的科技產品一定會高興死了，想想看，如果善用電腦和智慧型手機，而不只是把它們當成玩具或是打發時間的工具，至少在查詢資料上真的是比過去要方便得太多太多了。

●避免焦慮，要主動選擇資訊

回頭繼續來討論碎片化閱讀。既然碎片化閱讀是伴隨著科技進步一直存在的現象，我們該如何因應？

我認為主要有兩點。首先，要保持鎮定，不要焦慮。碎片化閱讀的時代有一個特點，就是資訊爆炸，各式各樣的資訊多得不得了，看都看不完，面對這樣的現象實在不必焦慮，只要想想有很多所謂的資訊，你晚一點知道或者不知道，其實根本無所謂，是一點傷害都沒有的。

比方說，我在跟小朋友聊天的時候，有時小朋友也會問我，你喜不喜歡誰誰誰，那都是一些小朋友很喜歡的影歌星，坦白講大多數我都不認得，不是說我就不愛看電影、不愛聽流行歌，只不過「蘿蔔青菜各有所愛」，我的口味和小朋友不同罷了，可是就算我不知道、不熟悉那些很受孩子們歡迎的影歌星，對我又有什麼妨礙或傷害呢？一點也沒有啊，這就是一種代溝啊，像這樣的代溝並不可怕，也是必然存在的，只要大家互相尊重就好了。身處現代社會，碎片化閱讀的現象比過去更加明顯，我們首先最應該有的一種因應態度，就是不要焦慮，承認且接受自己確實就是會有很多事情不知道。

以讀萬卷書為基礎

其次，就是要有主動選擇的能力。比方說，大家都知道英語很重要，這畢竟是一個最重要的國際語言，那每一種語言就是一種文化，既然英語這麼重要，我們在苦背英語單字、片語，拼命鑽研英文文法的同時，對於英語所代表的西方文明的發展，自然也應該有一定的了解。

如何了解？最基本同時也是最關鍵的方式，當然就是要透過閱讀，光靠身歷其境是不夠的，在有能力、有機會行萬里路之前，還是要先以讀萬卷書做為基礎，要不然按現在流行的說法就是：「就算走遍世界也只不過是一個郵遞員」，還有更毒舌的比喻是：「一隻豬就算能夠環遊世界，回來之後還是一隻豬」。

如果能夠運用寶貴的時間，主動去選擇要接觸哪些資訊、哪些知識，所閱讀的東西就會化為對自己有利的基礎，也就是所謂的「眼界」和「視野」。這可以說不僅關係到一個人的格局，也決定了他的發展是否會受限。

● 知識面廣，就不怕碎片化

有這麼一個很好的例子。民初的大文學家，同時也是思想家、哲學家胡適（1891-1962），他出生的時候是光緒皇帝在位時期，民國成立的時候他都已經二十歲了。胡適小時候是在鄉下的私塾唸書，老師是一位老先生，家鄉（安徽徽州績溪縣上莊村）又地處偏遠，他從來就不知道世界大事，不明白外面的世界在這些年來已經發生了很大的變化。十三歲那年，他隨著三兄到上海，在唸中學的時候，有一次學校考試出的作文題目是：〈為什麼日本會強大起來〉，胡適的語文程度當然是很好的，可是面對這個作文題目他完全答不上來，無話可說，這就是因為此時的他還見識不足啊。直到後來胡適讀了一本講日本明治維新的書，對於「為什麼日本會強大起來」這個問題才總算有概念了，能夠說得出一番所以然了。

順便再強調一下，所謂的「作文」就是一種文字表達，你要表達什麼、你想表達什麼、你有什麼可表達的——也就是材料——這些是最重要的，所以，絕對不是坐下來要開始動筆了這才是作文，我們平常都在為作文做準備，包括多觀察、多體會以及多閱讀，同時閱讀還不能太偏食，唯有知識面廣，碰到任何作文題目才不至於腦袋一片空白，什麼都聯想不到，也寫不出來。

碎片化閱讀是不可避免的、是一個既定的現象，每一個時代都會有這樣的現象，只要我們能夠保持鎮定，保持主動閱讀，就能善用碎片化閱讀所帶來的資訊豐富的特點。

9 為孩子唸故事、講故事到底有多重要？

為孩子唸故事、講故事到底有多重要？真的是太重要了。

首先，「聽、說、讀、寫」，孩子們對語文的學習，或說對外界一切事物的學習，都是從「聽」開始的。我們就以語文學習來說，孩子們從誕生之日開始，就是以「聽」的方式陸陸續續的累積詞彙。很多剛上小學一年級的孩子，每天上課時，小屁股總是在椅子上動來動去坐不住，這個時候，有些大人往往很輕易就會給這個孩子貼上一個標籤，「這是一個不乖的孩子」、「這是一個過動的孩子」，實際上「過動症」必須交由專業人員來評估，不是我們一般人隨便就可以冠上的一個標籤，何況有很多孩子，如果深入去了解一下就會發現，其實不是他不乖，也不是他故意要搗蛋，只不過因為他在還沒有進入小學以前，很少有大人跟他說話、交流，以及唸故事、講故事，所以他腦袋裡頭所累積的詞彙實在是太少了，這麼一來等到

一進入小學、一進入課堂，就很難聽得懂老師在講些什麼，一旦聽不懂自然就沒耐心了。

語言的學習是很需要環境的，有些人特別有語言天分，你把他丟到國外讓他待上一段時間，不管是英語、法語、葡萄牙語、西班牙語等等，他都能夠講得很溜，但是大字一個也不識，而且一旦脫離那個環境，過了一段時日，慢慢的他又講不出來了，這其實就是文盲，當他身處那些外國語言的環境中時，他能透過聽來學習，包括累積詞彙，然後加以運用，這些外國語言對他而言實際上就是一種工具。

●講故事，可以累積豐富詞彙

孩子們也是這樣的，很多字、詞、成語、俗語，孩子們聽在耳裡，就是在自然而然的學習，他不見得都認得那些字，但對於一些詞彙的意思，聽多了還是能夠掌握的。

當然，因為中文有很多同音字，因此在幼兒身上才會發生那麼多可愛的童言童語。我的小兒子當年在初次聽到「守株待兔」這個成語時，因為「株」這個字不是他生活中的常用字，他耳裡聽到「ㄓㄨ」，腦子裡想到的是「豬」，於是就很納悶，一頭霧水的跑來問我：「媽媽，為什麼守在豬的旁邊會等到兔子啊？」

對幼兒來說，識字不必那麼急，學習寫字更不急，過早開始練習寫字對孩子手部肌肉的發育反而有害，但是透過小耳朵來累積足夠的詞彙就很必要了，這可以說是在進入小學以前應該要做好的準備，如果家長能夠重視學齡前這個黃金時期，多花一點時間為孩子唸故事、講故事，就能有效協助孩子累積豐富的詞彙，掌握一些關於表達的常用句型，並且對文字理解擁有一定的能力。有了這些基礎，孩子在正式入學以後，無論是學習或是與老師、同學們的交流，才都不會那麼吃力。

更何況，為孩子唸故事、講故事有一個最直接的收穫，就是我們能夠和孩子在一起度過一段美好的親子時光。《哈利波特》系列的作者J.K.羅琳（生於一九六五年），在她五六歲的時候，有一次生病，生病當然是很不舒服的，可是在她長大以後，對於當時生病到底有多麼的不舒服早就忘了，只記得當時爸爸一直坐在病床邊為她唸故事。羅琳的爸爸向來就有為孩子唸故事的習慣，說起來這好像是西方爸

爸的義務啊，「送孩子上床準備就寢、為孩子唸床邊故事」似乎多半都是由爸爸來做。羅琳長大以後一直還記得自己小時候那次生病，爸爸為她唸的那本書是《柳林中的風聲》，這是兒童文學史上相當重要的一本書，作者是英國作家葛拉罕（1859-1932）。

● 時間，是最珍貴的禮物

講到這裡，聯想起西方一句諺語——「孩子們最需要的，往往是家長最捨不得給的，就是時間。」當年我一當了媽媽以後，就經常用這句諺語來提醒自己，我覺得真的很有道理啊，「孩子是一個小小的人」，大家都知道養育孩子是父母應盡的責任和義務，但要注意的是，所謂的「養育」，最基本的是要讓孩子吃飽穿暖，可事實上應該還要包括情感撫育，首要前提就是要願意花時間、花心力來陪伴孩子。

親子關係就像儲蓄一樣，不是說有就有的，一定要及早開始。最好的親子關係當然是要品質兼具，而想要有好的「質」，肯定要先有足夠的「量」，試想如果根本很少花時間和孩子在一起，和孩子非常生疏，對孩子來說，理性上他知道你們是他的爸爸媽媽，感性上卻覺得你們都只不過像是親戚，在這樣的情況之下，怎麼可能談得上有很好的優質親子關係呢？

● 培養最好的親子關係

大人總想要教育孩子，這個「教育」第一層意義，就是發揮你的影響力，如果僅僅只憑著家長的權威，迫使孩子接受自己的觀點和做法，往往都是成效不彰，孩子充其量也不過是「敢怒不敢言」罷了。

親子關係也是人際關係之一，想要擁有任何一種良好的人際關係，儘管有的時候需要一點運氣（比方說合不合得來），但我們自己還是有很大的努力空間，最重要的就是都得靠著平時不斷的用心經營和付出。在孩子學前時期，如果能夠多為他們唸故事、講故事，不僅可以為孩子各方面的學習奠定良好的基礎，對我們家長來講，最寶貴的收穫應該還是能夠從中培養出很好的親子關係，這不僅會給予孩子飽滿的愛的力量，足以支撐孩子滿懷自信的走穩他的人生，對於日後年老的我們，也將會帶來非常可貴、實實在在的幸福感。

好些家長，當孩子年幼、需要我們的時候，不肯在孩子身上投入時間和精神，以至於長期下來親子之間的關係非常淡漠，等到孩子長大了，有他自己的生活了，再也不需要黏著家長了，又突然要求孩子要孝順、要陪伴……這怎麼可能呢？

「種瓜得瓜，種豆得豆」，放在這裡同樣適用，為人父母不可不重視啊。

10 唸故事和講故事的差異在哪裡？

唸故事和講故事的差異在哪裡？主要的差異在於，唸故事比較屬於照本宣科，講故事則在開始講之前，要先做好一番消化和轉化。

實際上，無論是唸故事或是講故事，當然都是需要準備的，只不過對於那些本身就有閱讀習慣的家長，這個準備功夫不會那麼費勁兒，反之可能就會比較花時間，有時還得借重外力，譬如請教老師、參考各種推薦書單等等。

所謂的準備功夫，主要是指什麼呢？第一，當然是要挑選合適的故事或書籍，這方面我們在稍後的篇章中還會提到，在這裡先簡單強調一點，那就是在為孩子唸故事之前，一定要自己先花一點時間看一看、讀一讀，如果連看都沒看過，抓起來就想讀給孩子聽，恐怕連在斷句上都很容易出現問題，唸得疙疙瘩瘩，會大大破壞孩子聽故事的樂趣。

第二，在提前先看先讀的時候，要留意作者的文筆是否流暢，能不能直接拿來就讀，也就是要特別考慮到孩子在聽的時候有沒有困難、好不好懂。台灣兒童文學界的前輩林良先生（1924-2019）有一本關於兒童文學的論著，把兒童文學定義為「淺語的藝術」，就是呼籲兒童文學作家們要意識到，很多時候家長是需要直接把我們的作品拿來讀給孩子們聽，因此，如果你特喜歡咬文嚼字、特喜歡使用一些冷僻的文字、還特喜歡文縐縐做學問淵博狀，這樣的作品，只怕家長唸得吃力，孩子們也會聽得很辛苦。

不過，因為不同的作者有不同的風格，確實還是有不少佳作是適合閱讀，但不太適合直接就拿來唸給孩子們聽，這個時候就很需要家長先閱讀，做一番消化轉化之後，再用孩子比較熟悉、親切的語言，甚至運用親子之間特有的一些「典故」，以講故事的方式來讓孩子們接觸。

親子共「讀」百科全書

如果是「講故事」，家長可發揮的空間自然會大得多，因為可講的故事範圍要大得多，幾乎什麼都可以講。美國物理學家費曼（1918-1988），從小就特別喜歡真實的事物，不愛聽虛構的故事，他的父親也非常有意識的注重兒子在科學方面的啟蒙，因此在費曼小時候，他們父子之間的親子共讀經常都是讀百科全書，父親總會把書上那些生硬的文字在消化之後「翻譯」給兒子聽，比方說，在講到霸王龍的時候，做爸爸的就會這樣告訴兒子：「如果牠站在我們家的後院，牠的腦袋大概會到我們家二樓……」

此外，對於一些比較有創作才能的家長，因為講故事需要先消化處理，也許會意外為自己開創一番新局也不一定。並不是只有在寫作上的發揮才叫做創作，我們日常生活裡有很多事物其實都可以表現創作才能，美國十九世紀的傳奇女詩人艾米莉．狄金森（1830-1886）就曾經有過一個可愛生動的形容，說做麵包和寫詩這兩件事其實是非常類似的活動，都是把一些原料加以運用轉化，再加入自己的經驗和創意，然後變出美妙的東西。再比方說像烹飪，也是可以充分發揮創意的。總之，創作才能可以表現在方方面面，當然也可以發揮在講故事上。

說來有趣，很多優秀的兒童文學作家，之所以會走上兒童文學創作的道路，都是從孩子身上受到了激發，或者就是從為孩子講故事這個活動的過程中才開始起步的。可以這麼說，要成為一個兒童文學作家，不一定非要為人父母，「現代童話之父」安徒生（1805-1875）、《愛麗絲夢遊仙境》的作者路易士．卡羅爾（1832-1898）就都是終身未婚啊。

卡羅爾是筆名，他的本名是查理斯．路德維希．道奇森，他本來還是一個數學家呢，可是和安徒生一樣，就是因為喜歡孩子，也喜歡給孩子們講故事，講著講著就講出《愛麗絲夢遊仙境》這麼一部至今仍歷久不衰的作品。

11 講故事對於培養閱讀習慣的價值在哪裡？

講故事對於培養孩子的閱讀習慣是很有價值的。關於這個問題，我們可以分三個方面來討論一下。

第一，在多元化閱讀的既定現象之下，孩子們往往很可能是先透過別的管道來接觸文學作品，比方說在還沒有閱讀《西遊記》之前，已經看過不少取材自《西遊記》的影視作品或動漫，而講故事對孩子來說也是一種管道，我們不妨多多運用這樣的管道帶領孩子接觸許多傑作，在孩子們的心中種下文學的種子。

● 透過影視動漫接觸文學

講到「透過影視作品來接觸文學」的現象，當然不是只發生在孩子們的身上。舉一個例子，金庸先生（1924-2018）在武俠小說這個領域是一位大師級的人物，著作甚豐，如果問大家比較熟悉的是哪些作品，很可能大多數人最先想到的都是《神雕俠侶》、《倚天屠龍記》、《天龍八部》、《書劍恩仇錄》、《笑傲江湖》、《雪山飛狐》、《鹿鼎記》等等，事實上金庸先生的武俠作品當然遠不止這些，可為什麼最被大家所熟悉、同時也是最暢銷的作品，似乎總是這幾部呢？這幾部作品有什麼共通點嗎？當然有，最突出的一點恐怕就是它們都是被改編搬上銀幕次數較多的作品。幾乎每一次當金庸先生的同名作品搬上銀幕之後，很多觀眾一走出電影院，都會激發出一種想要閱讀原著的衝動，因此，這些同名作品就會再度熱銷。

瓊瑤女士（生於一九三八年）的作品也是一樣。難怪前幾年《哈利波特》系列暢銷，在英國就有很多人說，這其實不是文學院教授而應該是商學院教授來研究的案例。以行銷的角度來看，影視畢竟是一個強勢媒介，一旦結合了影視這個行銷管道，那簡直就是勢不可擋。

對於吸引孩子來接觸文學作品而言，講故事真的是一種很好的方式。就算是對那些原本不是那麼喜歡主動去親近書本的孩子，如果我們能夠善用講故事的方式，讓

孩子在對某一本書有了一點概念、不再覺得是那麼的陌生之餘，也很有機會進一步產生閱讀的興趣。

第二，透過講故事，我們可以帶領孩子擴大閱讀面。前面我們也說過，講故事和唸故事最大的不同，就是需要先把文本進行消化和轉化，所以講故事的題材空間是很大的。我們不僅能夠從兒童文學作品中去選擇適合的作品，成人文學作品（特別是那些具有奇幻色彩的作品）也有很多值得講，除此之外還可以從一些報章雜誌上去尋找素材，譬如那些能夠打動人心，或者令人驚歎不已的真人真事，都是很好的故事。每個人都是一本故事書，真實的人生也許往往會有更新鮮、更有趣、更不可思議的題材。曾經就有人問過美國作家馬克．吐溫（1835-1910）：「你覺得是人生難？還是小說難？」馬克．吐溫的回答是：「當然是人生難，因為寫小說你得講邏輯啊。」

● 因為喜歡寫而寫

第三，如果樂於為孩子講故事，就經常能在無意之中激發孩子對某一個作品的興趣。

跟人家分享兩個我自己的親身經驗。

有一回，我在跟小朋友們做講座時，提到J.K.羅琳在小時候，爸爸曾經在她病床邊為她唸《柳林中的風聲》，那天我的講座主題其實是J.K.羅琳的成長故事，包括她是如何受到來自父母很好的影響，從小就養成閱讀的好習慣，她是如何一直非常單純的保持樂在創作的心態，就是因為喜歡寫而寫，不會那麼功利的一心為了想要發表、想要揚名立萬，以及《哈利波特》系列的靈感是怎麼來的等等，可是講完以後有小朋友問我，那個《柳林中的風聲》是一個什麼樣的故事啊，於是我就可以把《柳林中的風聲》的故事大致說一下，還可以順便再告訴小朋友作者肯尼斯·格雷厄姆（1859-1932）創作《柳林中的風聲》的背景。

簡單來說，講故事可以用一種「信手拈來」的方式，隨時緊扣孩子們的注意力，並隨時對他們感興趣的作品進行解說和回饋，就「激發、培養孩子良好的閱讀習慣」來說，真的會有很好的助益。

「信手拈來」凸顯的是一種隨意性，不必完全依靠計畫，任何時候只要我們產生了某種文學上的聯想，就可以立刻隨機跟孩子們說故事。

在我兩個孩子還小的時候，有一天，我們一起看一部由美國著名影星金凱瑞（Jim Carrey，生於一九六二年）所演的電影《摩天大聖》（《變相怪傑》），看完以後，這個故事讓我聯想到英國作家史蒂文生（1850-1894）那本充滿奇幻色彩的作品《化身博士》，我感覺這兩個故事的情節設計有那麼一點異曲同工之處。簡單介紹一下。人性其實都是善惡並存的，在《化身博士》裡，主人翁藉由自己偷偷發明的化身藥水，竟然能夠把自己內在的那份惡提煉出來，使自己從頭到腳、從裡到外都徹底變成另外一個人，而在《摩天大聖》中，主人翁原本是一個懦弱的爛好人，經常被人欺負，直到有一天意外撿到一個面具，戴上之後竟然就搖身一變，變成一個無所不能的人，最終還像個超級英雄似的，隻身勇鬥黑社會……於是，我就順勢跟孩子們講了《化身博士》的故事。

這本書雖然是成人文學，但因為具有魔幻色彩，孩子們還是很感興趣。

● 雙重人格的高富帥

《化身博士》是中譯本常用的書名，英文書名叫做《傑奇博士和海德先生》，多少年來這一直是西方心理學中「雙重人格」的代名詞。

傑奇博士是一個喜歡做科研的醫生，是一個典型的「高富帥」，海德先生則是一個人人喊打的惡棍，然而詭異的是，海德先生非常神秘（「海德」是「hide」的音譯，而「hide」就是「躲藏」的意思），這兩個截然不同的人物怎麼會有聯繫呢？事實上在法律上根本就沒有海德先生這個人，因為海德先生實際上就是喝下變身藥水之後的傑奇博士。最初傑奇博士只是很想偶爾能夠逃離繁文縟節的上流社會，以另外一個人的身份自由自在的生活，然而他一來沒有想到變身後的自己竟會那麼的殘暴，同時，在變身藥水中某種元素因為缺貨而無法再保持穩定，也就是說變身這個事情愈來愈失控，傑奇博士開始會出現毫無徵兆、完全不在計畫之內的變身現象之後，傑奇博士慌了，最後，他自殺了，等於是替世人除掉了海德先生。

故事講完以後，兩個兒子就問我家裡有沒有這本書，表示想要看一看。

在我們家，這一類的例子很多，就算我的小兒子在小時候對書本的興趣不是那麼大，可是我就是靠著講故事，還是慢慢培養出他對閱讀的興趣，我發現只要這個故事精彩，再加上只要講得還不錯，他在已經大概知道這本書是在講什麼的情況下，會比較有「勇氣」、有興趣來接觸。這可能有一點類似當我們看到一篇不錯的影評，就會很有興趣去看電影一樣吧。

第三，「講故事」不是一個單向的活動，既然有「講故事的人」，就必定還有「聽故事的人」，當我們講完了故事，不妨多鼓勵孩子發表一下他的感覺、他的想法，記得不要帶有太強的預設立場，好像非要孩子說出一個什麼標準答案，那樣是很無趣的，如果能夠充分運用這個故事本身作為一個話題，講完故事以後還可以好好的親子交流一番，不是很好嗎？

● 讓孩子也講講故事

此外，也可以倒過來鼓勵孩子做「講故事的人」，我們則是「聽故事的人」，比方說，當孩子聽過一個故事之後，問問他這個故事大概在講什麼？能不能再簡單的說一遍？或者在孩子看過一個故事之後（也許是一本繪本），問問他這本書在說什麼？

記得同樣要避免用一種考試的口氣，就讓孩子從練習講故事，自然而然鍛鍊邏輯性、條理性、組織性等等，如果是參加講故事比賽，孩子還能因此鍛鍊膽量、勇氣和台風等等，真的是多方面的收穫。

不管怎麼說，如果交流愉快、故事講得愉快，對於提升孩子閱讀的興趣，肯定都會有很好的影響。

最後，還有一點要再次強調的是，閱讀往往是一種再創作的過程，同樣一部作品，可能每個人看到的那個點是不一樣的，因此，當孩子在發表什麼讀後感時，無論孩子說什麼，家長最好還是多寬容些。舉個例子，我曾經聽一個高年級的小朋友說，他在讀過《基督山恩仇記》（《基督山伯爵》）後，最大的感想是：「哇！原來法國在那麼久以前就已經有股票市場了啊！」說真的，當時我第一個感覺是挺驚訝的，沒想到小朋友會這麼說，因為這完全不是這本書的重點，但是再想想就會覺

得其實小朋友說得也沒錯啊，這本書是法國作家大仲馬（1802-1870）的代表作，故事背景是十九世紀拿破崙百日王朝時期，裡頭確實有描寫到關於股票的事。

法國當代文學理論家羅蘭・巴特（1915-1980），曾經說過一個很有名的觀點，叫做「文本誕生，作者已死」，什麼意思呢？當然不是說這個書（所謂的「文本」）寫好以後，作者就掛掉，而是說當作者完成作品以後，你跟這個作品之間就已經沒有什麼關聯了，也就是說，你希望讀者用什麼樣的角度來解讀、怎樣領會這本書，以及這本書能不能受到讀者的歡迎、市場的肯定等等，這些都是你無能為力的，控制不了的。所以，我們只要記得多跟孩子講故事，藉著講故事這個活動多跟孩子交流，並且多多鼓勵孩子也來講故事，對於培養孩子閱讀的好習慣一定很有幫助，記得這些就好，至於孩子是怎麼看、怎麼想、怎麼解讀作品，都不必太過在意。

12 講故事需要搭配道具嗎？

講故事需要搭配道具嗎？我認為，道具對於講故事這個活動來說，只能算是錦上添花，不是必要條件。

曾經聽很多家長曾有那麼一點點擔心，「如果我要跟小孩子講故事，是不是還需要準備很多道具，甚至要去學著做一些像手偶那樣的道具？」其實，沒那麼複雜，大家要記得，「講故事」其實是一種古老的活動，甚至有一些學者認為，根本就是我們的一種本能，只要你願意，就能來做。

舉一個例子。請大家想像一下，在很久很久以前，有幾個原始人，晚上一起擠在山洞裡，交流白天在外頭看到了些什麼，如果有一個原始人說，今天我在地上看到一列螞蟻就這樣爬過去，一直一直一直地爬，同伴聽了一會兒很可能馬上就失去興趣，因為在這段描述裡沒有情節啊，另外一個原始人則說，我今天在什麼地方看到

了一頭小長毛象，後來誰誰誰剛好也過來了，我們商量了一下，找來更多的幫手，最後大家終於合力制服了那頭長毛象……這裡頭，情節出現了，這就是講故事。

在過去，大家的娛樂活動比較少，受教育的機會也比較少，「編故事」、「講故事」都是非常普遍、自然和重要的活動，民間故事其實就是這麼來的。關於民間故事，我們下面還會有篇章來談，現在就先不展開，總之，講故事最重要的還是這個故事本身，請大家不要本末倒置，不必把重點先放在準備道具上，道具是可以就地取材的，手邊有什麼就用什麼，就像小孩子玩「扮家家」，一樣會很有樂趣。

● 就地取材、樂趣無窮

記得在我小時候，我們幾個小女生很喜歡湊在一起玩「扮家家」，我們特別喜歡在院子裡玩，就是因為院子裡有很多材料，可以就地取材。我特別喜歡把榕樹下垂的鬚鬚（應該叫做「氣生根」）當成是「廣東炒麵」，到現在我還是覺得很像啊。其他的小夥伴，有的會找一些看起來個頭差不多的小石頭，當成是紅燒肉、牛肉丸、魚丸，有的會拿一些落葉當成是青菜，就這樣，不需要那些昂貴逼真的食物模型，我們照樣玩得非常開心。在講故事的時候，關於道具，如果和孩子一起就地取材，那也是一種激發孩子想像力和創造力的方式。

● 寫意，更有想像空間

其次，關於講故事的道具，我們不妨也像京劇一樣，遵循「寫意」的原則，不必那麼具體，想像的空間反而會更大。比方說，在京劇裡，看到演員手中拿著一個馬鞭，我們就知道這是表示騎馬，如果要呈現一個「天氣嚴寒」的場景，演員也可以靠著肢體動作再配合樂聲來表現。

多年前我曾經看過所謂的「改良京劇」或是「現代京劇」，主辦方說是想藉此把年輕人吸引過來欣賞京劇，其實就是加入了舞臺劇的元素，在某一刻看起來可能確實不錯，聲光效果和道具等等好像是比較豐富，但有的時候反而會破壞了想像，印象中記憶最深刻的就是看過一齣現代京劇《竇娥冤》（《六月雪》），在大雪紛飛的時候，因為真的落下了白花花彷彿是雪花的道具，舞臺效果是挺好的，問題是，當這些「大雪」一停下來，又還來不及落幕的時候，看到舞臺上的「雪花」，視覺效果就不怎麼樣了，反而立刻就把觀眾從一個想像的世界給拉了出來，如果是像原本京劇中用寫意的方式來表現下雪，所營造出來那個想像的銀色世界，在觀眾腦海中停留的時間往往還會比較久。

說到底，講故事最重要的首先是氣氛，其次是講什麼故事，然後就是講故事的人，尤其是在講述的清晰、流暢、生動等各方面，有沒有做好比較充分的準備，這些事情的重要性，都遠遠大過於道具的張羅。

13 為孩子講故事需要經過專業訓練嗎？

為孩子講故事需要經過專業訓練嗎？我認為，如果有機會接受一點培訓的話當然是更好，但是也不一定非要經過專業訓練不可，因為對於一個有閱讀習慣的人，本身就具備了自學自修的能力，有很多講故事需要注意的事項或是背景知識，我們其實可以透過自己的閱讀來充實。

台灣各地小學幾乎都有一種叫做「故事媽媽」的組織，真的很棒，定期會招募一些成員，然後免費提供一套基礎培訓課程，課程內容大致分三方面，第一，是對兒童文學的認識，這涉及到故事的取材，畢竟如果從兒童文學作品來取材會比較直接；第二，是對兒童心理的認識，包括對兒童成長各個階段普遍會出現的現象有所認識；第三，就是所謂「講故事的技巧」，包括像說話的技巧、怎麼樣就故事來選擇適當的表達方式，以及如何搭配道具等等。

● 故事媽媽講故事

培訓結束之後，這些成員——多半都是「故事媽媽」，也有少數的「故事爸爸」——就要開始「上陣」了，每天早上當老師們都去開行政會議的時候，他們就到教室、特別是去低年級孩子的教室跟孩子們講故事。

在這一整套培訓課程裡，其實有很多都是我們自己透過閱讀就可以來學習和充實的，譬如認識兒童文學，掌握兒童心理、兒童成長的相關認識，甚至包括口才該如何鍛鍊，都可以找到很多書來讀，美國著名人際關係學大師卡內基（Dale Carnegie, 1388-1955）關於口才鍛鍊的書就一直是長銷書。

前面我們也一再強調，擁有閱讀習慣的人，就等於擁有最寶貴的自學能力，只要我們自己有閱讀的習慣，哪怕沒有參加過什麼培訓課程、或是接受過什麼專業訓練，許多講故事所需要的相關知識，都可以透過閱讀來了解和加強。

何況，關於說話的技巧，至少有兩方面完全是我們自己就可以注意，只要注意一下就能大大提高自己口語表達的能力，也就是能夠有效加強聆聽的效果。

首先，要注意語速。大陸這麼大，各地的方言這麼多，很多方言聽起來簡直就像是法語、德語、西班牙語，真的很難聽得懂，但其實只要大家都講普通話，不管是「上海版的普通話」，或是「杭州版的普通話」、「湖南衡陽版的普通話」等等，再把語速放慢，咦，通常就會非常神奇的能夠勉勉強強聽懂一些了。「把語速控制好，適當的放慢一點」真的非常重要，唯有先把語速放慢，緊接著也才可能去注意抑揚頓挫，有的人講起話來總是又急又快，要不就像是一條直線，缺乏標點符號，這樣聆聽起來自然會非常吃力。

其次，要做好充足的準備。就好像每當有小朋友問：「怎麼樣才能在演講比賽的時候比較不緊張？」我總是說：「儘量做好充分的準備吧！準備愈充分，就愈不容易緊張。」所謂的「胸有成竹」，就是這個意思。講故事也是一樣的，想要故事講得好，當然也需要做好充分的準備，最重要的準備，就是一定要把這個故事看熟、看透徹。

以上所說關於講故事在各方面應該做好的準備，只要我們有心、有意願，幾乎都可以靠著自學自修來進行，不一定非要經過專業訓練。反過來說，「我又沒有受過專業訓練」這樣的說法，也就萬萬不能成為懶得花時間、花功夫來為孩子講故事的藉口了。

14 講故事要注意固定時段嗎？譬如睡前的床邊故事？

講故事需要注意固定的時段嗎？比方說像睡前的床邊故事？我覺得恐怕不一定吧。

當年在我辭掉報社工作回家，一方面做全職媽媽，一方面也開始「坐在家裡當作家」的時候，兩個孩子都還滿小的，大兒子是幼稚園中班，小兒子才半歲。有一次接受記者採訪，記者問了一個滿有趣的問題：「兒童文學作家每天晚上在小孩子睡覺前一定會講床邊故事吧，請問您有什麼私房的床邊故事？」當時，我是非常老實的回答說：「呃，每天晚上啊，那我最常跟小孩說的就是──『拜託，趕快睡吧！』」

在台灣，三代同堂的情況不是那麼普遍，長輩也不會背負什麼社會壓力，好像理所應當一定要幫子女帶孩子，所謂的「核心家庭」，也就是「小家庭」，年輕夫妻在育兒這方面都得自己想辦法。如果雙方都在工作，在孩子能送幼稚園之前都得靠保姆，請保姆來幫忙帶小孩，要不然就是得有一個人留在家裡負責照顧孩子，這個任務通常都還是落在媽媽身上。

在以前那個年頭，很多女性一旦當了媽媽以後就會面臨很大的育兒壓力，尤其要是你做的好像不是什麼了不得的工作，就算你說自己喜歡上班，不喜歡成天圍著家務打轉，在當了媽媽以後想要留在職場恐怕也很難。如果只生一個小孩也許還可以勉強繼續上班，生了兩個小孩以後，如果你說還想上班，很多長輩就會說：「那你賺的不是都給保姆了？多划不來，還不如自己帶吧！」

坦白說，這樣的想法、這樣的選擇是很有問題的，因為小孩很快就會長大，很快就可以送幼稚園，「小小班」只要滿兩歲就可以收了，「小班」是三歲……孩子真正需要我們全心全意、二十四小時照顧的時間並不是那麼久，可是等到孩子上了幼稚園、可以稍微「脫手」的時候，如果還想回到職場，哪裡還有你的位置？因此很多已婚女性都會面臨「二度就業」的困難。這也是為什麼儘管後來推出了「育嬰假」，但對於那些樂在工作的「職業女性」（career woman）來說，興趣也不大。

機會教育

總之，打從一開始從事兒童文學創作工作，我就是把寫作當成一項志業，不止是一個消遣性的愛好，那就需要真正投入心力，可實際上由於孩子還小，我當然還是要把照顧小孩視為最重要的事，這麼一來，由於媽媽總是得隨時待命，孩子一喊就得趕快過去，所以白天的時候我不可能寫，只能看情況把握機會做一些不怕被打斷的事，像是查找資料啦、為稿子校對檢查啦，只有在晚上他們倆都睡了以後，我才能夠專心的來寫上兩三個小時。偏偏兩個兒子都是精力旺盛（幸好我也算是一個精力旺盛的媽媽，要不然怎麼帶得過來），他們總是要玩到很晚才睡，上床躺下來經常都是十一點以後了，這個時候我除了拜託、懇求、哀求他們趕快睡之外，怎麼可能還有那個閒情逸致來講什麼故事。

但幸好我是一個全職媽媽，有很多很多時間跟小孩在一起，因此我在跟孩子講故事的時候都是採取隨機原則，也就是所謂的「機會教育」。我覺得以教育的成效來說，「機會教育」應該也是相當好的，對一個孩子會產生非常深遠的影響。

我聯想起一個經驗，在這裡不妨跟大家分享。

我爸爸是法官，在我小時候，有一次爸爸帶著我跟我哥哥一起出門，在一個店門口撿到一個錢包，爸爸就帶著我們站在那裡等失主回來拿，印象中等了很久很久，簡直要等到地老天荒，終於有一個人慌慌張張地跑來了，爸爸在經過核對、確定這個人確實就是失主以後，把錢包還給了他，那個人眼看錢包失而復得自然是非常高興，然後爸爸就告訴我們，不是自己的東西絕對不能拿，撿到東西一定要盡可能物歸原主。長大以後有一回跟哥哥聊天，聊到這件事，我們都認為這是童年中一件意義非常深刻的事。這就是爸爸對我們所做的一次「機會教育」。

話題可能有點兒扯遠了。總之，講故事確實可以寓教於樂，我認為也應該追求寓教於樂，那麼在教育這個方面，不妨還是隨意一點，就像做機會教育一樣，隨時把握機會跟孩子講故事，而不必硬性規定一個講故事的時段。

想想看，什麼事情一旦固定了之後，不免就會缺乏彈性。別的不說，如果我們自己到了該講故事的時候也許會累啊、剛好就是不想講啊，那怎麼辦呢？對孩子失信不是更不好嗎？

15 講故事最需要注意的是什麼？

講故事最需要注意的是什麼？我認為，最需要注意、最關鍵的顯然就是耐性了。

有一本繪本，叫做《北極特快車》（作者是奧爾斯伯格，生於一九四九年），這是榮獲凱迪克金獎的作品，後來根據這本繪本又做了一部同名動畫長片，還請來大明星湯姆·漢克斯為片中五個角色配音，很有意思，不知道大家看過沒有？電影中有一段情節我特別喜歡，就是當這些孩子們坐在北極特快車上，列車長拿起擴音器問大家：「有沒有人想喝熱巧克力呀？」話音剛落，馬上就有好幾個服務生推著一個裝滿熱巧克力的車子蜂擁而入，然後就這麼又唱又跳、蹦上蹦下的為每個孩子送上一杯熱騰騰的巧克力，最後還很有效率的收拾乾淨歡快的離去，儘管這些孩子年齡都滿小的，可是這些大人（列車長和服務生們）對孩子們非常的看重，很把他們當一回事，不由得讓我聯想到一句廣告詞，那就是——「以客為尊」，我認為大人在為孩子說故事的時候，也要盡可能做到「以孩子為尊」。

● 以孩子為尊

曾經在講座時碰到 位家長，是一個爸爸，頗為羞澀的問：「我現在也想跟小孩了講故事了，可是我只會講〈三隻小豬〉，該怎麼辦啊？」當時我就是這麼回答：「就算您現在擅長講的故事還不是那麼多，或者講故事的技巧也還不是那麼好，但是這些都沒關係，只要我們有充分的耐性，拿出一個『以孩子為尊』的態度，所有講故事的技巧都是可以慢慢去琢磨和改善的。」

最重要的還是態度，不是嗎？這也有一點像作文，我經常跟孩子們說，所有的作文技巧都應該是為真情實感來服務，而且所有的技巧都是可以慢慢加強和鍛鍊，最關鍵的是作文的態度一定要誠懇，這就跟做人一樣，做人不同樣也是誠懇最重要嗎？

關於講故事，最基本的態度就是要有耐性。在這樣的前提之下，有些問題我們就

可以進一步來說明。

◎總有家長會相當疑惑的問：「我明明買了很多故事錄音帶、CD、有聲書，品質也都很不錯，可為什麼小孩子總是不肯自己聽，還是總纏著我、要我講故事啊？」其實，孩子會捨製作精良的專業產品，寧可聽業餘說故事的家長來講，這個心理真是再正常也不過。前面我們曾經提過，學齡前的幼兒對於家長一般都還是比較依戀的，所以就算說故事的產品再好，孩子們還是希望由爸爸媽媽來講故事，因為這樣可以挨著爸爸媽媽呀！

● 幼兒最愛爸媽講故事

◎學齡前幼兒在聽故事的時候，往往會同時存在兩種看似矛盾的特性，第一，是新奇，希望聽一些沒聽過的故事；第二，是重覆，對那些喜歡的故事，他會百聽不厭，要求你一講再講，聽了千遍也不厭倦。這兩種特性，無論哪一個，都很需要大人耐性以對，儘量滿足！

◎「講故事」這個活動，最重要的就是要讓「講故事的人」和「聽故事的人」共度一段美好的親子時光，並且藉此培養出孩子熱愛閱讀的好習慣，所以，千萬不必忙著去教訓孩子。說真的，這個世界最不缺的大概就是大道理了，所有的人生智慧、人生經驗等等各式各樣的大道理真是滿坑滿谷，但都是知易行難，實際上最重要的還是要靠父母的身教，「家庭」是最小的社會單位，也是孩子一生第一個學校，父母總能在不知不覺之間，讓孩子受到各方面的潛移默化，實在不需要在講故事的時候還要忙著去教訓孩子，更不必去逼問孩子「你到底有沒有聽懂這個故事在講什麼」，這些舉動都會讓「聽故事」變成了上課，會破壞了孩子聽故事的樂趣。

◎最後，家長還是要經常提醒自己，孩子不是東西，我們除了在物質上養育孩子（當然，能做到這一點也已經很不容易了），還要盡可能注意到孩子還需要我們的情感撫育。而要做好情感撫育正需要愛心和耐心，這同樣也是我們在講故事的時候最需要注意的地方。

16 如何建立自己的故事庫？

想要做好「講故事」這個活動，做一個說故事的高手，就得有意識的努力建立自己的故事庫。只有當我們口袋裡的故事非常豐富時，我們才可能遊刃有餘，信手拈來都是故事，還能隨時隨機來跟孩子講故事。

那麼，要如何建立自己的故事庫？

簡單來說，這就像一位用心的老師一定會經常做教學筆記一樣，一位用心的家長也應該經常動手做「講故事筆記」。

一份比較理想的講故事筆記，其中又應該有兩大部分的內容，第一個部分應該是來自計劃性的閱讀，然後在閱讀中尋找適合的故事，再把這些故事慢慢「攢」起來；第二個部分是來自偶然性的閱讀，但是經過有條理、有計劃的記錄和整理。

現在，我們就進一步來說明，在日常生活裡可以從哪些方向來累積故事。

◎透過報章雜誌的閱讀。世界之大，真的是無奇不有，我們在閱讀報章雜誌的時候，一定不時就會讀到一些讓人眼睛一亮、特別受到打動、或是特別感到不可思議的事，這些事都是好故事，如果你感歎兩聲就過去了，那是很可惜的，如果能夠花一點點時間趕快把它記錄下來，讓它進入到我們的故事庫裡頭，那往後在講故事的時候就有可能派上用場了。

在本書一開始，我講了一個關於「時間銀行」的小故事，大家還有印象嗎？那個小故事就是我在一本雜誌上看到的，當時感覺滿有意思，就趕快把它記了下來。

◎在多元閱讀的現狀之下，坦白講影視作品裡確實也可能有一些精彩的故事。我們不妨看看電影界許多重要的獎項譬如奧斯卡金像獎，關於劇本的獎勵都有兩類，一類是「最佳改編劇本」，就是說這個電影的劇本是「有所本」的，是根據某一部漫畫或者是文學作品所改編，另外一類就是「最佳原創劇本」，屬於原創，出自編劇之手，真的會有不少精品，僅以動畫片為例，《玩具總動員》、《海底總動員》、《怪獸電力公司》、《動物方城市》、《天外奇蹟》、《可可夜總會》就都

是非常精彩的故事，《冰雪奇緣》在片尾特別註明這個故事是「是從安徒生的〈冰雪皇后〉所發想」，也就是說「從安徒生的〈冰雪皇后〉得來的靈感」，這樣的定位非常準確，因為《冰雪奇緣》和〈冰雪皇后〉壓根兒就毫無關係，是一個全新的故事，有些媒體說「《冰雪奇緣》改編自安徒生的〈冰雪皇后〉」，完全是一個錯誤的資訊。還有譬如像英國的粘土卡通《酷狗寶貝》系列，日本似乎永遠也演不完的《名偵探柯南》系列裡，也都有很多很棒的故事，這些影視作品中的原創故事也可以進入到我們的故事庫裡。

◎從成人文學作品裡頭挑選適合孩子們的好故事。特別是那些具有童話色彩的作品，往往都很能夠打動小朋友，讓孩子們聽得非常入迷，前面我們提到過的《化身博士》就是一個很好的例子。還有像瑪麗．雪萊（Mary Shelley，1797-1851）的《科學怪人》、王爾德（Oscar Wilde，1854-1900）的《格雷的畫像》、華盛頓．歐文（Washington Irving，1783-1859）的《鬼新郎》、梅里美（Prosper Merimee，1803-1870）的《賭王費多里哥》、歐．亨利（O. Henry，1862-1910）的許多短篇小說，雖然都是成人文學，但是我跟小朋友都講過，孩子們都很喜歡。

從古典文學吸收養分

當然，我都是用「講故事」的方式，而不是「唸故事」，我所講出來的都是經過消化和處理的。其實，這就像經典文學的少兒版，都要經過改寫者的消化。凡是經典文學其實都是成人文學，因為「兒童文學」本來就是近代才有的概念，如果我們不加以處理，孩子們很難直接來閱讀原著。

改寫當然會有失真的地方，比方說，孩子透過聽故事以及閱讀改寫版的《西遊記》所接觸到的那個豬八戒，就比原著可要「健康」多了。一直以來總有人批評經典文學的改寫版（也就是少兒版），認為是破壞了原著，總說「經典怎麼可以改寫」，可是我認為如果站在及早讓孩子接觸經典、以及培養閱讀習慣的角度，改寫版還是很有價值的，首先，這就好像孩子需要穿童鞋童裝一樣，讓孩子接觸改寫版的經典文學，應該是無可厚非的呀，其次，如果不讓孩子接觸改寫版的經典文學，或者你不肯跟孩子講一些取材自經典文學中的故事，孩子還是很有可能會從動漫、影視等其他管道接觸到經典文學，那樣對孩子會比較好嗎？所以，我認為經典文學的改寫，這本身沒什麼錯，關鍵是到底改寫得怎麼樣。

如果能夠從成人文學來為講故事取材，你會發現空間真是無限寬廣，有很多很多好故事都可以吸納進來。除了要挑選孩子們的生活經驗能夠欣賞的故事之外，「簡化」應該是一個基本原則。比方說，希臘羅馬神話故事裡有很多非常精彩的故事，像〈費頓〉、〈戴達羅斯〉、〈伊卡洛斯〉、〈尋找金羊毛〉、〈木馬屠城記〉、〈奧德賽〉等等，在希臘羅馬神話故事裡，幾乎每一個人物都有一個名字，哪怕這個角色根本不重要，甚至只是「路人甲」、「路人乙」，也都有名字，這麼多的名字，最後一個字很多很多又都是一個「斯」，感覺非常相像，如果你要完全「忠於原著」，不加以簡化、不把無關緊要的人名去掉的話，那這個故事簡直就沒法講，孩子們一定是聽得糊裡糊塗。

其次，「懂得挑選和詮釋」真的很重要，幾乎每一部古典文學都是大部頭，而且都有「少兒不宜」的部分，如果從古典文學裡來吸收營養、充實我們的故事庫，一定要經過挑選，再加以處理，這就是「詮釋」。比方說，中國古代第一部短篇小說集《聊齋誌異》，在將近五百篇的作品中，當然有很多是不適合講給孩子們聽的，可是像〈嶗山道士〉、〈種梨〉、〈水鬼城隍〉、〈定伯賣鬼〉、〈石清虛〉等等，經過適當轉化之後就很適合拿來講故事了，再比方像《西遊記》裡頭〈豬八戒巡山〉、〈孫悟空三打白骨精〉，只要加以適當的處理，孩子們也都能欣賞。

*

總之，當我們在閱讀的時候如果能夠不怕麻煩的隨時做記錄，生活裡處處都是故事，我們的故事庫一定會愈來愈豐富。每一次在跟孩子們講了某一個故事之後，尤其是取材自成人文學或報章雜誌的故事，孩子們的反應如何，不妨也稍作筆記，作為下次講故事的參考。

17 如何看待「適讀年齡」的概念？

如何看待「適讀年齡」的概念？我認為所謂「適讀年齡」真的是僅供參考，不能太過認真。

首先，孩子們的個別差異很大，同樣是三年級，張家三年級的孩子跟李家三年級的孩子在各方面就不一樣，而每一個孩子在三年級和四年級又有多大的不同，這往往也沒個準，「適讀年齡」實在是一個很粗糙的概念；其次，我們不妨來想想看這個「適讀年齡」是怎麼來的？所有大人看的書，不管是文學性的書或是社會科學類的書，從來不會在書上印什麼「適讀年齡」，說這本書是適合二十歲、三十歲或四十歲的人來閱讀，對不對？因為一本書適不適合自己，決定權是在我們自己手上啊，那些廣告文案的目的就是要讓我們覺得這本書是適合我的，正是我所在找尋的……那為什麼童書就總是會印上「適讀年齡」，標註得清清楚楚這本書是適合幾歲到幾歲的孩子來看呢？

愛看書的孩子常「超齡」閱讀

「適讀年齡」的概念是為了應付大人，主要還是為了應付家長，因為很多家長自己本身是不看書的，但是又模模糊糊的知道、或者聽老師們說過，如果孩子想要學好語文一定要多讀課外書，所以家長就覺得似乎應該給孩子準備一些童書，那市面上的童書滿坑滿谷，到底要如何選擇又沒有概念，自然就會希望出版社乾脆直接告訴我這本書適合多大的孩子，於是乎在商業化的運作之下，「適讀年齡」的概念就愈來愈普遍了。

真的，我曾經不止一次碰到很多家長非常認真的問：「我自己是不愛看書，對看書沒什麼興趣，那要怎樣鼓勵小孩子看書？要怎樣給小孩子買書呢？」坦白講，這個問題本身就是一大問題啊，如果家長自己沒有閱讀的習慣，底氣不足，自己沒法判斷，難怪就會過分依賴「適讀年齡」的標註了。

實際上這個「適讀年齡」真的只能僅供參考，如前所述，每個孩子的個別差異是很大的，一定要尊重孩子們的個別差異。此外，凡是有閱讀習慣的孩子通常都會看一些比較超齡的書，這也是一個很自然的現象，家長不必大驚小怪。

● 讓孩子自主選擇

有閱讀習慣的孩子，通常心智都會比較早熟，請注意，這個「早熟」不是「早戀」的意思，好像很多家長一聽到「早熟」這個詞就會很害怕，實際上早熟沒有什麼不好啊，只是說心智比較成熟而已，這樣的孩子不容易衝動莽撞，行事也比較能夠三思而後行。所謂「少年老成」，現在好像會有一點負面的意思，形容年輕人沒有朝氣，但原本應該是個好的意思，「指年紀輕的人成熟穩重，顯得像一個閱歷頗深的長者」。

有一句老話，「經一事，長一智」，可如果智慧得靠著親身經驗的每一件事去累積，人生不過短短幾十年，究竟能經歷多少事？聰明人是不會囿於自身的環境和條

件，而能夠從閱讀中去吸收學習許多別人已經總結出來的經驗教訓。「以史為鑑」不就是這個意思嗎？

只要沒有涉及暴力色情，我認為孩子樂於閱讀總是好事，還是儘量尊重孩子自主性的選擇吧，不必太過擔心孩子看一些超齡的書，對於小書蟲來說，閱讀超齡的書本來就是一件很正常、很自然的事。

《哈利波特》系列的作者J. K.羅琳的母親是一個很愛看書的人，鄰居對她的印象都是「每天手腳俐落、動作很快的把家事做完，然後就坐下來看書」，羅琳在接受記者採訪時也說在從小的印象裡，媽媽就是經常「窩在沙發上看書」，而羅琳的母親就跟大多數有閱讀習慣的家長一樣，向來不太去干預孩子在讀什麼書，羅琳表示從小到大媽媽唯一一次對她讀的書有那麼一點意見，是有一次她參加一個電視節目所舉辦的有獎問答比賽，獎品是一本書，是電視影集《復仇者》的衍生產品，書中有滿多暴力情節，看得羅琳有點兒心神不寧，後來媽媽把這本書拿過來看了看，就跟羅琳說：「我看你最好別再看這一類的書了吧。」至於當羅琳在讀一些其他超齡的書時，媽媽就都沒有意見。

我自己在對兩個孩子「看什麼書」這個事情上，和羅琳媽媽的態度是一樣的，那就是——只要不涉及暴力色情，看什麼都可以。

其實，在教育上，我的原則向來都是「放牛吃草」，就是說我給孩子一個很大的框框，這個「框框」就是是非標準，然後在這個框框裡隨他們自由發展。如果沒有「框框」、沒有是非標準，那就是溺愛了，那對孩子當然是有害的，可是只要有是非標準作為準繩，我深信讓孩子隨他的本性發展應該是最好的。就像電影《侏羅紀公園》裡的一句臺詞——生命會自己尋找出路。孩子的人生道路總要靠他自己去探索。

在閱讀這個問題上，我的「框框」就是「不要涉及暴力和色情」，所謂的「適讀年齡」從來不在我的考慮範圍，在「框框」之內，他們喜歡讀些什麼書，我會盡可能尊重他們自主的選擇，讓他們慢慢去培養自己的判斷和品味。

18 親子閱讀時如何選書？

在家有幼兒這個階段是最適合「親子閱讀」了，親子閱讀的時候應該如何選書？我認為除了要注意書的品質、不要總想挑便宜的買之外，還要注意以下三點。

第一，要考慮孩子的年齡。不是書籍封面上印的「適讀年齡」，就是孩子真實的年齡。我們在看成語故事「揠苗助長」的時候都覺得很荒謬，但實際上還真的就有很多家長老在做一些揠苗助長的事，就以選書來講，很多家長總是忘了每個孩子都是從一個小寶寶慢慢長大的，成長是需要時間的，不可能一蹴可幾，一個幼兒不可能具備青少年甚至成年人的心智和思維，所以在給孩子、特別是在給幼兒選書的時候一定要考慮孩子的年齡。

記得曾經碰過一個才四歲的小女孩，很認真、也挺苦惱地問我：「我看不懂《紅樓夢》怎麼辦啊？」這個問題真是讓人無語，《紅樓夢》——哪怕是少兒版改寫版的《紅樓夢》，對一個四歲的小孩子來講顯然也是太不合適了吧。

順便再強調一下，該怎麼樣讓幼兒來接觸經典文學、古典文學？我認為選取某一個段落、篇章，大人先消化過後再用講故事的方式來傳達，應該還是最理想的方式。

不要總想著「一定要學到東西」

第二，注意閱讀的面要廣一點。很多家長在和幼兒進行親子閱讀的時候，都會比較著重教育性，希望透過親子閱讀，不僅能培養孩子的閱讀習慣，還能培養孩子的生活能力、陶冶孩子的性情，最好在每讀完一本書的時候，都能讓孩子立刻就學到一些有用的東西，簡單來說就是總是從比較實用的角度出發，這當然也並沒有什麼錯，不過大家要注意即使孩子還小，當我們有機會做孩子遨遊書海的領航員時，還是要注意儘量擴大孩子的閱讀面，不要太過局限在某一類。閱讀是為了開闊視野，這樣的閱讀態度應該讓孩子從小就養成，如此才可能舉一反三、觸類旁通，總之就

是要能融會貫通。

第三，親子閱讀的時候該如何選書？有一個很重要的原則就是我們在前面曾經提到過的——以孩子為尊。不管是考慮孩子的年齡也好，或是這個書能夠對孩子產生怎麼樣的助益，最終都還是要回到孩子的身上，因為每個孩子真的都是差別很大的。

比方說，一般普遍會覺得幼兒似乎都偏愛聽童話故事，但這當然不是一個必然、絕對的準則，就是會有不愛聽童話的幼兒呀！美國著名物理學家、一九六五年諾貝爾物理獎得主理查·費曼，小時候就不愛聽童話，在上主日學的時候，牧師跟孩子們講神蹟，費曼就一直在想為什麼？譬如像為什麼明明沒有風，樹葉卻會晃動這一類的問題，都令他很感興趣（後來他從書上找到了答案，這應該是一種「共振現象」），不過，也有不少神蹟譬如摩西分開紅海，那是小費曼想破了腦袋，無論如何也想不出來究竟為什麼。

幸好小費曼的爸爸是一個科學愛好者，因此總是興致勃勃帶著兒子親子閱讀一些與科學相關的書籍，真是充分的「以孩子為尊」。在費曼後來的自傳裡就說，小時候父親對他科學方面的啟蒙，影響很大。

也許您會說，可是剛才不是才說閱讀面要廣一點嗎？這個原則和「以孩子為尊」的理念不會衝突嗎？

應該這麼說，「尊重孩子的個別差異」、「以孩子為尊」是前提，畢竟每個人天生的氣質秉性就有不同，就像有的人就是比較喜歡吃蝦或是吃香菇一樣，當然要尊重，但是身為家長，我們也有義務讓孩子知道這個世界上美味的東西很多，不是只有蝦或是香菇而已，同時，為了讓孩子能夠營養均衡，我們也要盡可能引導孩子去嘗試其他的食物。畢竟，營養均衡有益健康，閱讀面如果能夠比較寬廣，對孩子各方面也會大有幫助。

19 親子閱讀的時候，需要勤於向孩子發問嗎？

親子閱讀的時候，需要勤於向孩子發問嗎？我認為是不需要的，否則不僅不易培養孩子對閱讀的興趣，很可能還會引起反效果。

閱讀其實是一個再創作的過程，隨著我們眼睛看到的文字，內心和腦海很自然地就會浮現出一個畫面，建構出一個世界，這也就是為什麼很多根據文學作品所改編的影視作品，選角消息一公布，往往無法得到所有讀者的認同，很多人總會批評「這個誰誰誰怎麼會像那個誰誰誰」，可這些文學人物譬如賈寶玉、林黛玉、福爾摩斯、華生醫生明明都是虛構的呀，理論上哪有什麼像不像的問題，可就是因為讀者透過作者的描述進行了再創作，所產生的形象自然就不盡相同了。

僅僅是一個人物形象大家都不容易取得共識，何況是對作品的理解呢！同樣的故事、同樣的作品，都會因每個讀者的年齡、性格、偏好、生活經驗等等不同，而有不同的領會，如果我們在親子閱讀的時候一直向孩子追問，恐怕不一定會得到你想要的答案。

不需要「替孩子思考」

更何況孩子、特別是幼兒，看待事物本來就都比較簡單、片面和單純，如果我們不斷發問，在發問的同時，又經常帶著一些預設的標準答案，這其實是一種「替孩子思考」的行為，同時也是限制了孩子的思路。很多家長自認為是在引導孩子、教育孩子，其實都只不過是讓孩子講自己想聽的話。

孩子都是很會察言觀色的，哪怕是幼兒，似乎也都有一種本能，知道怎樣去講大人想聽的話，只不過往往言不由衷罷了。衷心盼望在親子共讀的時候，家長不妨放輕鬆一點吧，我覺得很多家長真的都太緊張、太焦慮了，好像隨時隨地都想要讓孩子學到一點什麼，生怕孩子會錯過任何學習，其實哪有這麼緊張啊。

想到一件事。有一次，我去湖南張家界玩，當遊覽車（大巴）在盤山公路上緩緩前進的時候，同車一個年輕的媽媽，抱著她的孩子，不看外頭的風景，而是忙著指著車上廣告看板上那些字在不斷的教孩子唸，可孩子並不合作，媽媽又不高興……真的好辛苦啊，大人辛苦，小孩也辛苦，我看那個孩子應該還沒進幼稚園哪！真搞不懂，帶著一個那麼小的孩子出來玩，還這麼緊抓學習，有必要嗎？幸好後來沒過多久，那個媽媽自己暈車了，才總算放棄，連說「算了算了，不教了」。

親子閱讀，最可貴的就是親子能夠共同享受一段美好的閱讀時光，進而引領孩子養成閱讀的好習慣，這應該是最重要的，如果還要不斷的發問，別的不說，至少總會讓孩子覺得有那麼一點煞風景吧。

20 朗讀和默讀的重要性是什麼？

就閱讀的效果來說，朗讀和默讀都很重要。

我們先來說一說朗讀。曾經聽一位資深的語文老師說，想要把語文學好就要大聲讀，大聲讀就是朗讀。對於這樣的看法，我非常認同。在大聲朗讀的時候，我們的小耳朵聽到了，會自動幫助大腦去記憶，所以大家一定都有過這樣的經驗，如果想要背一篇文章或者背一首詩，大聲朗讀肯定比較有效率，會背得比較快。同時，大聲朗讀也比較能夠體會文字的美感跟音樂性（也就是節奏感），這麼一來對於培養和激發學習語文的熱情也會很有幫助。

就因為大聲讀對於學習語文來說非常重要，在美國還有一種「聽讀隊」，專門來輔導那些有閱讀障礙的孩子。要改善閱讀障礙，首先就得先克服朗讀障礙。每一個「聽讀隊」都是由一位老師和一隻受過訓練的狗狗所組成，讓那些有朗讀障礙、不敢在大家面前大聲讀的孩子，對著狗狗來讀故事。因為狗狗是經過專業訓練的，都會乖乖坐在那兒聽，就算小朋友讀得非常吃力，疙疙瘩瘩，狗狗也不會有絲毫不耐或不悅，在孩子的感受上，狗狗的溫馴形同給與了正面的回饋，這麼一來，孩子對朗讀的畏懼感就會大大降低，久而久之就能慢慢克服閱讀障礙，在語文方面的表現也就自然提高了。

● 專注、主動、慢慢讀

學齡前是一個培養孩子朗讀能力的重要階段，希望家長們一定要重視，不妨多帶著孩子一起大聲朗讀童謠啊、兒歌啊、詩歌啊、短文啊，讓孩子及早養成朗讀的習慣，對於孩子入學後的學習真的會很有幫助。

其次，我們來談一談默讀的重要。對閱讀來說，默讀最大的好處是讓我們能夠比較專心。我到現在一直都還有默讀的習慣，不管是在家裡或是在外頭等飛機、等高鐵，或者是在飛機上、高鐵上，只要是看書，我都會默讀。我們的心思總是很容易

就飄來飄去，唯有默讀才能有效的定住它。

從小到大誰沒有在課堂上發呆走神的情況，往往都不是我們有意為之，都是在不知不覺中赫然發現「糟糕！我剛才走神了！」相信大家都有過這樣的經驗吧，而如果你是默讀，一方面在閱讀的時候比較可以集中精神慢慢讀，另一方面一旦走神，也能在最短的時間、以最快的速度察覺。

高品質的閱讀就是要讀得專注，讀得主動，還要讀得慢。

講到這裡，我們不妨順便來談一談「翻書」的問題。

哪怕是正面意義的活動，一旦要追求所謂的成效，不免就比較容易流於形式化，比方說，由於推廣閱讀，很多大人就會在數量上要求孩子，按年級規定孩子一個學期要讀多少本書，於是乎很多孩子號稱「看書很快」、「一個晚上能看好幾本書」，可是，很多孩子的「看書」，其實根本只是「翻書」，一本書拿過來嘩啦嘩啦迅速從頭翻到尾，匆匆忙忙流覽一遍，就宣布「看完了！」……以數量來做閱讀成效的衡量標準可以理解，大量閱讀確實也很重要，不過，我們還是不要忘記，閱讀這個活動本身是讓人安靜的，一味求快只會造成心思浮躁，怎麼靜得下心？

也許您會說，那「速讀」不也是一種技能嗎？沒錯，「速讀」確實是一種技能，在這裡我也不是就否定速讀的價值，可還是得看要用速讀來讀些什麼呀！書這麼多，數都數不清（要不然怎麼會有「書海」這個詞？）當然不是每一本書都需要精讀，有的書、特別是有些資訊，的確只要用速讀的概念，大致流覽一下就可以，但如果面對那些值得精讀的好書，你也只是匆匆速讀、略讀，就不能領會其中的精華，非常可惜。

此外，讓孩子及早養成默讀的習慣，對孩子升上中年級、開始要正式意義的作文時也會很有幫助，因為在寫完一篇作文以後，一定要注意檢查和修改，這個時候就很需要在心裡默讀一遍。只有靠著默讀，什麼地方有筆誤、有漏字，或是哪個句子不太通順、標點符號用得不太恰當，才能比較明顯的找出來，否則光是用看的，就這麼匆匆掃過一眼，是非常不可靠的。

21 大人看童書會有收穫嗎？

大人看童書會有收穫嗎？

這裡所說的童書，主要是指兒童文學。大人看兒童文學會有收穫嗎？肯定會有，當然會有。關於這個問題，我們可以從兩方面來討論一下。

首先，文學都是反應人生、反應社會現狀，兒童文學既然也是文學，是整個文學大家庭裡頭的一份子，作者又往往都是大人，當作者無論是以現在的心智來回顧自己在童年和青少年時期的感受，或者是在自己整個成長過程中的諸多體驗，所形成的生活經驗包括對人生的看法和價值觀等等，這些都會自然而然化為作品的一部分，寫作畢竟是言為心聲，所以家長從兒童文學裡經常也能找到共鳴，看到一些孩子還不易注意到的閃光點。

順便一提，如果我們能夠對一個作家的生平有一定的了解，再來欣賞他的作品往往都能看得更深入。比方說，安徒生的童話，雖然表面上都是童話，實際上在安徒生的作品裡一直都有一個同樣的中心思想，那就是——一定要力爭上游，追求一個高貴的靈魂。這就是來自安徒生真實的成長經驗。因此，「文如其人」這個說法似乎確實是有其可信度。當然也不是絕對的，但是有一定的道理。

● 對哪個童話故事印象最深刻？

瑞士心理學家卡斯特（生於一九四三年）寫過一本書叫做《童話的心理分析》，很有意思，建議家長們不妨一讀。裡頭有這麼一個觀點，就是請每一個成年人回顧一下自己小時候看過的童話故事，在那麼多的作品裡，有哪一個或是哪幾個童話故事，是很快就浮現在你的腦海？然後以此來分析你對生活的看法，甚至多少還可以反應出你目前的現狀。

當我讀到這裡的時候，停下來想了一想，很快就想到兩個故事，都是《伊索寓言》裡的故事，一個是〈父子騎驢〉，以一種誇張諷刺的手法，表現出一個人如果沒有主見，始終想要迎合他人將會是多麼的可笑，而且最後註定必然只是徒勞；另外一個是〈一隻立志要做小狗的驢子〉，強調了「鐘鼎山林，各有天性」，不必去羨慕別人，應當努力活出自己的價值。這個故事也許有些朋友不是那麼熟悉，在這裡我就簡單講一下。

農場裡有一隻驢子，總是非常羨慕一隻小狗。

在驢子看來，那隻小狗什麼也不會，也什麼都不用做，甚至可以說是整個農場裡最遊手好閒的一個，每天從早到晚懶懶散散，像個遊魂似的無所事事晃來晃去。驢子觀察了很久，認定小狗唯一的本事就是撒嬌，唯一要做的事情也是撒嬌。

奇怪的是，光是這樣居然也就夠了！每天傍晚，當驢子跟主人一起回來，那隻小狗就汪汪叫著，然後搖著尾巴迎上來，直奔主人的懷裡，主人總會立刻蹲下來摟著小狗，一邊叫著小狗的名字，一邊哈哈笑著，誇獎小狗好可愛，主人無論是神情或是語氣，都是那麼的愉快。

驢子反觀自己，每天辛辛苦苦的工作，從早累到晚，幾時有過這樣的待遇？別說這樣的待遇了，主人甚至根本很少用正眼來瞧過他！

「那個傢伙憑什麼能得到主人這樣的寵愛呢？真是太不公平了！」驢子忿忿不平的想著。

日子一天一天的過去，驢子對小狗的羨慕漸漸轉為嫉妒，然後又漸漸增添了恨意。

終於，有一天，驢子做了一個重大的決定！

他立志不當驢子了，他要改當一隻小狗！

從這天開始，驢子只要逮到一點兒空閒就會偷偷盯著小狗，仔細觀察著小狗的一切舉止，包括怎麼叫、怎麼搖尾巴、怎麼吐舌頭，還有怎麼活潑的蹦蹦跳跳故作可愛狀。

過了一段時間，驢子很有把握自己已經自學成才，可以好好的展現一下了。

這天傍晚，當驢子和主人一回到農場，當主人剛剛才把套在驢子身上的農具卸下來，驢子馬上就人立起來，尾巴搖得像瘋子，然後一邊發出恐怖、難聽的叫嚷，一邊竟然還想要朝主人撲過去！

接下來自然是一片混亂。不用說，不僅主人嚇壞了，附近的人也都認為這隻驢子發狂了，於是，紛紛抓起棍棒一湧而上，合力把這隻驢子痛打一頓，生怕驢子會傷人。

後來，當驢子躺在驢棚裡哀號不已的時候，小狗前來探望他，表示了誠摯的慰問，還啼笑皆非的說：「哎，你怎麼會這麼糊塗啊，你明明是一隻驢子，怎麼可能變成一隻小狗呢？」

呼喚童心的文學

怎麼樣？是不是很有趣，同時也頗有深意？

仔細想了一想，我覺得〈父子騎驢〉和〈一隻立志要做小狗的驢子〉這兩個故事，裡頭所蘊含的中心思想，和我的人生觀確實是高度契合。難怪有這麼一種說法──「優秀的童話就是小孩子看熱鬧，大人看門道」，同樣的故事，大人往往也能從中找到共鳴，能看到、聯想到比較深刻的一部分，這難道不是閱讀童書得到的收

穫嗎？

很多內涵比較豐富的故事，在我們小時候或許只是覺得它好玩，可是等我們長大以後，總會在某一種情境之下突然從我們的腦海裡冒出來，讓我們恍然大悟，或是感慨萬千，這就是歷久彌新啊。

其次，為什麼大人欣賞兒童文學也能有所收穫？這是因為兒童文學本來就是「一個呼喚童心的文學」。赤子之心——也就是童心——本來是人皆有之，只不過有的人隨著年紀慢慢長大，赤子之心就不知不覺的沉睡了，而一部充滿童趣的兒童文學作品往往具有神奇的力量，能喚醒我們那份沉睡的赤子之心。只要童心常在，一個人的幸福感一定就會比較強烈。

這些年來，我不止一次聽到有家長朋友說，真是太意外了，原本只是想盡盡義務、陪陪孩子，而跟孩子一起接觸兒童文學作品，沒想到經過一段時日以後發現，原來收穫最大的竟然是自己！這確實是可以理解的。

22 為什麼繪本會比較貴？

為什麼繪本會比較貴？坦白說，以前我還從來沒想過這可能會是一個問題，後來在跟很多家長交流中，我才發現原來在很多家長的心目中，還真的會有這麼一個疑問，那在這裡我們不妨也就稍微的來說明一下。為什麼繪本會比較貴？簡單來講，就是繪本的製作成本要大得多。

什麼是「繪本」？這個詞是外來語，是日文中圖畫書的漢字寫法，是一種以圖為主、文字為輔的文學創作形式。請注意，是「文學創作形式」，而不僅僅是「兒童文學創作形式」，因為這樣的創作形式，在讀者定位中也包含了成年人，或者就是以成年人為訴求，這有一點像日本的漫畫也不是只做給小孩子看的一樣，他們有很多漫畫作品就是以成年人為讀者的。在「繪本」一詞還沒有被廣泛使用之前，大家都把這樣的創作形式稱為「圖畫書」，「圖畫書」這個詞是直接從英文「Picture book」

翻譯過來的，對於這種創作形式的特性其實說明得非常清楚，就是著重在「圖」，也就是「Picture」。

● 多人一起參與創作

所有創作，都是創作者在找到感觸之後，用某一種形式表達出來，這個形式往往是創作者本人所擅長的、喜歡的、習慣的，所以，如果一個攝影師、一個畫家、一個作家和一個雕刻家一起旅行，來到一個地方，見到某一個情景，心中都湧起某種類似的感觸，回去之後，如果他們都想把那份難得的感觸表達出來（好的靈感都是可遇不可求的），作家很可能就寫了一篇作品，雕刻家可能完成一個雕塑作品，畫家可能畫了一幅畫，而攝影師很可能當時就已經拍了很多張照片，現在他要挑選出和自己那份感觸最為吻合的一張，再給它一個貼切的題目。

繪本就跟攝影、雕刻、繪畫、文學等一切的藝術形式一樣，也是要先有感觸，才可能進行創作，只不過在創作過程中，和攝影、雕刻、繪畫、文學等其他形式相較，更有可能發生「參與的創作者不止一人」的情況，這就大大增加了繪本創作流程的複雜性。（當然，這是以傳統概念而言，在今天商業時代，一本文學作品發表時，書上的作者名字是一個筆名，代表一個團隊，這樣的情況也已經並不少見。）

我就簡單說一下我自己在這麼多年以來，參與繪本創作的一些經驗，這樣也許大家會更清楚。

● 寫、畫、編輯，三方合作

在兒童文學的文類中，我喜歡寫童話和小說，如果找到了什麼感觸（也就是靈感），我幾乎都會很自然的就想到要以這兩個文類來表達，再加上性格上我比較喜歡獨立作業，因此，在我所參與的繪本創作中，都是一種被動式的參與。通常都是接到編輯的約稿，告訴我想要做一個什麼主題的繪本（很像命題作文），如果在我的小本子（靈感簿）上正巧有合適的題材，再加上時間又允許的話，我可能會答應下來，然後就準備開始寫故事。

picture book

我需要知道這個故事、這本繪本讀者年齡層的大致定位，只是一個大致的定位，畢竟如果你面對的是一個三四歲的孩子，或是一個六七歲的孩子，無論是在故事的講述或是理念的傳達，都還是要考慮到孩子的年齡，可是應該也不必過分刻板，我最怕碰到那種超有自信的編輯，會非常嚴肅的跟你說「四歲（或三歲、或五歲……）的孩子不懂這個詞，也不會用這個詞」，如果你抗辯，說「這又不是多冷僻的詞，我的小孩就會用啊」，他們還會說「你的小孩不算」，那種超強的自信，就好像他們做過非常嚴謹的問卷調查，全世界所有三歲或幾歲的小孩都一定、肯定、鐵定不會用某一個詞。

話題不要扯遠了，繼續回到繪本的創作。「寫」和「畫」需要的是不同的專業能力，能寫能畫的創作者畢竟還是少數，於是才會出現插畫家和作家合作的模式，編輯則是一個統籌的角色。

繪本中的文字部分，在字數的控制上，要求會比童話和小說嚴格得多，因為繪本的篇幅有限，又是以圖為主，如果文字太多，版面會顯得太擠，視覺效果不佳。等到作家把稿子寫出來了，編輯看過覺得大致可以，插畫家就開始進行草圖作業，按

編輯的要求，比方說這將做成一本多少頁的繪本，一般多半是在二十多頁到三四十頁之間，然後將故事分成適當的段落，每一個段落也許是一頁，也許是跨頁（就是以兩頁來呈現），等到草圖工作完成，編輯、作家、插畫家會一起看過，交換一些意見，然後再開始進行下一個階段。

以文字部分來說，從寫出了初稿到後來定稿，中間很可能要修訂很多次。譬如，如果原本寫的文字，後來看版面效果，插畫家已經用畫面做了很好的呈現，那文字部分顯然就不需要重覆，大可刪掉。

● 用畫面說故事

當然，因為繪本是以畫面的呈現為主，插畫家在拿到一個故事之後，當然會有自己的詮釋，我覺得一位優秀的插畫家也都會有自己的詮釋，所以我的工作準則就是儘量配合插畫家。

這整個過程真的非常繁複，有一點像劇本創作。無論是舞臺劇或影視劇的劇本，因為同樣也是以視覺的呈現為主，或者說主要的特質就是用畫面來說故事，那編劇工作也是非常折騰的。我也寫過電視劇的劇本，一個本子從寫出來到最後呈現在觀眾面前，中間不知道要經過多少次的修改，而需要修改的原因各式各樣，可能導演有意見，可能製作人有意見，可能編審有意見，也可能演員有意見，而這些意見又不統一，簡直要命。

一本繪本的製作時間往往會拖得很久，經常光是為了等插畫家安排工作時間就會等到地老天荒，對出版社而言，這些都是成本啊，再加上後面的紙張、印刷、裝幀等等，成本也都比一般以文字為主的童話、小說等等要高出許多，這些成本，出版社當然要反應在定價上。

所以，如果只看定價，當然會覺得繪本「好貴」，可是這公平嗎？繪本實際上是一點也不貴的。

儘管只看定價很不合理（何況對於文化界來說，別說繪本了，一般圖書其實如果想想從業人員背後的心血，恐怕都會覺得太便宜了吧！然而，沒辦法，很多人就是寧可在其他吃喝玩樂方面一擲千金，卻老是抱怨書太貴……），不管如何，正是

因為廣大消費者還是只看定價，所以繪本的發展往往就成了一個社會經濟發展的指標。也就是說，只有在經濟發達地區，才可能提供繪本成長的土壤。

舉一個例子。兩岸在隔絕了近四十年以後，從一九八七那年開始恢復交流，從小在台灣土生土長的我，是在一九九二年春天第一次踏上大陸，隨著一個兒童文學作家訪問團到了北京和天津，那個時候即使是在北京最大的新華書店也看不到繪本，甚至整個兒童文學的文類也很少，似乎絕大多數的兒童文學作家都是寫小說，而且所謂的「少年小說」和成人文學的分界似乎也不是那麼明顯……總之，一切的一切都跟現狀完全不同，而這中間經過的三十多年，就是大陸經濟飛速發展的時期。

● 繪本未來需求大

事實上，繪本最初起源自西方，經濟因素就是一個最直接的原因。甚至一直到現在，大陸繪本的消費市場還是集中在北京、上海、廣州、深圳等一些大城市，背後最主要的也就是經濟因素。因此，可預見的是，隨著大陸經濟的持續上升，繪本未來的發展空間只會愈來愈大。

當然，消費者也是需要教育的。其實，台灣早期在繪本萌芽階段也碰到過同樣的情況，很多家長總是會帶著高度質疑的口氣嘀咕：「這本書就這麼幾個大字，憑什麼這麼貴啊？」所以，為了讓家長了解繪本的價值，出版社做了很多的努力，比方說製作很有可讀性的導讀手冊，請很多兒童教育專家以及兒童文學作家來做導讀，告訴家長應該從哪些角度來欣賞這本繪本，孩子們、尤其是幼兒接觸繪本又會有哪些好的影響等等，然後再隨著經濟發展，繪本才終於廣為家長所接受，成了兒童文學這個大花園中非常重要的一個文類，而這其實也很能滿足孩子的成長所需。關於這一點，在下面的篇章我們還會再談到。

23 繪本對於幼兒成長的重要性？

如果要用一句話來說明繪本對於幼兒成長的重要性，那就是——因為我們每個人的學習都是從圖像思考開始，慢慢再走向文字思考。

一個嬰兒看到經常照顧自己的人，會表現出放鬆、開心和親愛的態度，是因為他認得那個人的臉，對小嬰兒來說，這個人的臉不就是一種圖像嗎？在網上看過一些戲弄小嬰兒的視頻，比方說一對雙胞胎兄弟把嬰兒抱來抱去，嬰兒會露出迷惑的表情，因為這兩個輪流抱著自己的人明明是一模一樣啊，再比如一個蓄著大鬍子的爸爸，忽然把鬍子刮得乾乾淨淨然後過來想抱孩子，即使孩子還那麼小，連話都不會講，可還是馬上用大哭來表示抗拒，因為要是這個爸爸不開口說話，嬰兒僅憑圖像，完全認不出眼前這個一上來就要抱自己的怪叔叔，原來竟是自己的爸爸！這些例子都足以說明在發展意識、認知學習的過程中，首先都是很自然的採取圖像思考。

●思維的啟蒙，從圖像開始

再舉一個例子。當年我還在報社上班的時候，那個時候只有老大一個孩子，幸好我所在的版面不是二十四小時都得在待命狀態的社會新聞版面之類，在時間上稍稍有一點彈性，於是每天上午我都是儘量留在家裡和孩子在一起，到了接近中午才把大兒子送到同一社區的保姆家，晚上等我下班回來以後再去接他回家。每天晚上，回到社區，我都是先把車停好（當然都是儘量靠近保姆家），再徒步去接大兒子，等到接了他往我們家走的時候，有時經過我的車子旁邊，就算我沒說「嘿，你看，媽媽的車停在這裡」，人兒子那個時候還那麼小，才一兩歲，還不識字，更沒有品牌的概念，但也總是能夠一眼就認出我的車，不就是從車子的外型、顏色等等圖像上來辨認的嗎？

在孩子開始認字以後，由於中文是「表意文字」（就是說文字與語言的語音方面並沒有直接的聯繫），實際上每一個字對孩子來說就像是圖案，很多外國人覺得中文很難學，主要原因也就是因為每一個字都像一個圖案，然後這個圖案跟那個圖案又沒有什麼關係……總之，我們思維的啟蒙和開發，都是從圖像開始的。

正因為這個緣故，儘管兒童文學的文類也不少，除了繪本，還有兒歌、童謠、寓言、童話、小說、散文、兒童劇的劇本等等，但是在這麼多文類裡頭，繪本對幼兒來說是一種最親切的文本，也是關於吸收外界一切資訊、當然也包括學習的一種最親切的媒介。

● 從橋樑書到圖文書

一個好的故事固然是一本繪本的靈魂，但不管如何繪本畢竟是著重圖像、著重視覺效果，對幼兒來說，因為符合幼兒圖像思考的特性，自然就極具優勢，很能吸引孩子們。這有一點像是影視作品，大家都知道有一個好的故事非常重要，否則就算投資再大，擁有再多、再豪華的明星陣容，或是有再多的特效，口碑恐怕也不會太好，可由於影視作品是以視覺呈現為主，對大多數人來說，都還是會比較注重演員和導演，而不太會去注意誰是編劇。

從繪本，孩子又會慢慢進入到閱讀橋樑書的階段。什麼叫做「橋樑書」？其實也就是「圖文書」，這是以低年級孩子為主要訴求的童書，與大多數的繪本相比，橋樑書不再那麼依賴只是靠圖來說故事，它的文字量明顯增加（每一本橋樑書的字數大約都在兩萬至兩萬五千字之間），但是若和一般童書相比，文字量又不是那麼大（以文字為主、再輔以插畫的童話和小說，通常每本書的字數至少也有四萬五千字以上），因此「橋樑」一詞就是一個過渡的意思，讓孩子從繪本慢慢過渡到以文字為主的書籍。

兒童文學是一座美麗的花園，隨著市場的日趨繁榮和成熟，類別就會分得愈精細，能夠多方面符合孩子生長發育的需要，讓孩子在每一個階段都找得到書來讀，使孩子們從小在生活裡就充滿了書香。

24 繪本和遊戲書的差異在哪裡？

繪本和遊戲書的差異在哪裡？簡單來講，繪本它還是書，所以本質還是用來讀的，只不過主要讀的是圖，而遊戲書的本質就比較是玩了，在遊戲中又帶著社教任務，類似於益智玩具。

其實遊戲書也有很多種，比方說在小寶寶洗澡的時候，讓小寶寶可以拿著一起泡在澡缸裡的，還有協助寶寶的認知學習，類似字卡的集合，只是做成一本書的形式，像這樣的小書，每一本都會有一個明確的主題，譬如有一本小書，書名叫做《可愛的家人》或《親愛的家人》或《我的家人》之類，它的主題就是對家庭成員以及稱謂的介紹，第一頁畫的也許是爸爸，第二頁畫的是媽媽，然後哥哥、姐姐、弟弟、妹妹等等，讓孩子自然而然的去認字認詞，並且搞清楚家人之間的關係。

此外，像折疊書、立體書，還有那些附上一些小道具的書，都是很受孩子們喜愛的遊戲書。

教育性的啟發

簡單來說，儘管遊戲書的種類和形式非常多樣，但目的性都很清楚，都比較偏重在教育性，也就是希望做為一個媒介，讓孩子能夠透過這些遊戲書，輕輕鬆鬆的學習許多常識性的概念，同時累積一定的詞彙。而繪本就比較偏重文學性，主題也會涉及到一些比較抽象和感性的領域，比方說情商。

雖然是那麼小的孩子，他們也是有情緒的，只不過因為表達能力往往還比較弱，有了什麼情緒講不出來。大家一定看過這樣的畫面：一個孩子（通常是幼兒）不知道為了什麼一個勁兒的拼命哭，身旁的大人又急又惱，一副瀕臨崩潰邊緣的模樣，雖然一直追問「你到底在哭什麼呀」，可無論怎麼問，都問不出一個名堂……不是孩子故意不肯說，很可能只是因為他實在是說不出來，也或許有時候一鬧起彆扭，自己也搞不清究竟是怎麼回事，這種現象在大人身上也會有，遑論是一個幼兒。

（所以，最恐怖的一種大人，就是外表看上去是大人，但內心還是一個小孩，抗壓能力很差，無法承受生活的壓力和一點點挫敗，也無法管理好自己的情緒，動輒就會出現很大的情緒波動，甚至是歇斯底里，然後問他怎麼回事，他還會振振有詞「我也不知道啊！我就是這樣啊！……」）

●刻畫兒童的內心世界

如果在看繪本的時候，孩子能夠從裡頭找到一些情感上的共鳴，就會慢慢學著理解自己一些彷彿只能意會、無法言傳的情緒，無形中也就會朝著心智成熟的道路邁進。

不少繪本（尤其是歐美的繪本），創作者都是非常嚴肅的畫家，比方說像英國的安東尼．布朗（Anthony Browne，生於一九四六年），就是一個很好的例子，他本來是一位被歸類為超現實寫實派的畫家，在因緣際會之下開始進行童書繪本的創作，被推崇為「善於運用奇妙的構思、不可思議的畫面以及簡單的語言，來刻畫兒童的內心世界」。

對幼兒來說，無論是側重認知學習的遊戲書，或是側重文學性的繪本，都很重要，身為家長最好兩方面都能兼顧，這樣孩子自然就能融會貫通。

當然，也要注意孩子具體的接受情況。美國的物理學家理查．費曼就很不喜歡那些總是想把認知學習披上童趣外衣的童書，什麼「晚餐後查理跟爸爸在陽臺看星星，看到了五個藍色的星星、三個紫色的星星和兩個綠色的星星，請問查理在這天晚上一共看到了幾顆星星？」費曼說，數學是科學的基礎，你就不能好好的教教小孩子「5+3+2＝10嗎？」

這是費曼的觀點，所指的應該是那些自認寓教於樂但實際上做得並不成功的童書。「寓教於樂」的目標本身是沒有錯的，不過，在孩子還小、主要還是接觸繪本的時候，孩子除了需要藉由繪本來學習，也需要藉著繪本來感受，展開自我探索，這兩者可說是缺一不可。

25 欣賞繪本最該注意的是什麼？

欣賞繪本，最該注意的是什麼？

除了美學方面的欣賞，也就是畫面呈現的整體效果，包括創意、構圖、色彩、人物造型等等，我認為最應該注意的是圖畫的連貫。

千萬不要忘記，繪本的本質也是書，也是要用來讀的，只不過讀的主要是圖。一本繪本拿過來，從第一頁開始一直慢慢讀到最後一頁，主要就是靠著畫面在說故事，所以每一頁都不會是獨立的，其中都會有一些聯繫，為了使讀者易於掌握這些聯繫，才會有文字在旁加以輔助。

也就是說，文字是站在一個協助的角色，視每一頁畫面的需要而存在，有些情節如果畫面已經做了充分展現，文字部分就不需要重覆，大可精簡，畢竟在一個頁面上如果文字太多，會顯得太過擁擠，從而破壞了視覺上的美感。（這一點只要想想看杭州西湖的斷橋一旦人山人海，是一種什麼樣的景觀，就不難想像啦。）

●讀圖的樂趣

如果把一本繪本的文字部分單獨拎出來從頭到尾讀一遍，往往會發現一種跳躍性，也就是說每一頁之間的文字不怎麼連貫，好像經常都是跳來跳去，其實這是很正常的，這反而顯示出圖跟文的配合度比較高，反過來如果當我們把一本繪本的文字部分單獨拿過來從頭到尾讀一遍，居然非常連貫，就像一般的作品（無論是童話或是散文或是小說），這樣的繪本，圖的部分就仍然只是一個「插圖」的性質，因此就算畫面或許呈現得也很不錯，但恐怕還是不能算是一本理想的繪本，因為並沒有發揮繪本「讀圖」的特質。

其次，讀圖有一個很重要的原則，就是要注意跟尋找畫面中很多的細節，這也就是所謂「發現的樂趣」。

法國著名雕刻家羅丹（1840-1917）說，這個世界從來就不缺少美，只是缺少發現，說得真是太好了，眼睛明明是我們最重要的一個工具，舉凡一切來自外界的資訊，主要就是透過眼睛才能獲得，然而大部分的人對很多事情、很多東西就是視而不見，實在是太可惜了。

觀察力真的太重要了，事實上整個文明的推動就是靠著觀察來做為起點，一個幼兒如果能夠從讀繪本的過程中鍛鍊觀察力，對孩子日後各方面的發展都會有很大的助益。

由大而小留意故事主線

至於在讀圖的時候要如何觀察？我建議要把握「由大而小」的原則，先留意整本書的線索，再關注每一頁畫面中的細節。如果一開始就把焦點集中在細節，就容易產生「見樹不見林」的現象。一本繪本由於主要是靠著圖來說故事，通常故事的主線都比較清楚，愈是針對學齡前的孩子所創作的繪本，主線會愈清晰，因為如果主線不明，或者主線、支線交錯得非常複雜，年齡小的孩子是很難欣賞的。

「主線清楚」是一種什麼樣的感覺呢？簡單來說就是一種「順藤摸瓜」、順理成章的感覺，往往一開始就能抓住讀者的注意力，然後隨著一頁一頁地往下推進，只要先留意主線，孩子就能順利掌握故事，知道這個故事是在講什麼，觀察力比較好的孩子甚至還能主動發現伏筆，就是說後面的情節，其實在前面已經出現了一些鋪墊和伏筆。

● 享受發現的樂趣

其次，「發現的樂趣」當然也表現在觀察畫面上所具體呈現的細節。就算插畫家採用的不是工筆而是比較寫意的手法，無論是在構圖、線條、或是造型上，當然也還是會有很多細節值得我們留意。比方說，光是一隻狗狗的形象、動作以及出現在畫面中哪一個位置，這些都是有講究的，只要多觀察，就能獲得更多的線索。

我們必須再三強調，一本繪本是以讀圖為主，只讀一遍是不夠的，需要家長多付出一點耐心，陪著孩子多讀幾遍，引導孩子找到發現的樂趣，進而培養出細心觀察的好習慣。在書店裡經常看到很多家長拿著一本繪本為年幼的孩子匆匆唸一遍，然後就說「好了，看完了，下一本！」這其實是對繪本的一種誤讀。優秀的繪本，哪怕從頭到尾一個字都沒有，也不會是「無字天書」，孩子靠著讀圖，還是能夠理解和掌握書裡頭所講述的故事，以及所要傳達的資訊。

美國插畫家大衛．威斯納（David Wiesner，生於一九五六年）有一本榮獲諸多大獎的繪本，中譯版本叫做《瘋狂星期二》，從頭到尾就是一個字也沒有，可是出版至今都超過二十年了，還是深受全球小朋友的喜愛，主要原因應該就是孩子能從中充分享受發現的樂趣吧！

26 閱讀兒歌和童謠的收穫？

孩子閱讀兒歌和童謠會有哪些方面的收穫？

這主要可以分四個方面來談談。

第一，是能讓幼兒體會一種文字的音樂性和節奏感。實際上各個民族的音樂總是早於文字的，音樂可以說是我們的一種本能。遠古時期各個民族在豐收的時候，一高興起來大家就會圍在一起唱歌跳舞，所謂的「手舞足蹈」，這彷彿就是像呼吸一樣的自然，因為音樂性本來就是一種天性。如果帶著幼兒一起閱讀——最好是能夠大聲朗讀——兒歌和童謠，可以讓孩子這種屬於天性般的音樂性得到充分的啟迪。

第二，能讓孩子體會到一種特殊的遊戲性，就是語言遊戲。比方說有一種「數數歌」，就很有趣。現在就跟大家介紹一首，叫做〈七個妞妞來摘果〉。

一二三四五六七
七六五四三二一
七個妞妞來摘果
七個花籃手中提
七個果子擺七樣
蘋果、桃子、石榴、柿子、李子、栗子、梨

大家不妨讀讀看，讀出聲，是不是很有音樂性？

我在帶小朋友寫作營的時候，經常會帶孩子們大聲朗讀這些兒歌和童謠，別說是幼兒了，低中年級的小朋友也都會很喜歡。

再比方說繞口令，很多中高年級小朋友的興趣也很濃厚。在寫作營裡，我會先帶大家欣賞幾首繞口令，再來一個小小的友誼競賽，看看誰能夠把這些繞口令講得又快又清楚。每回做這樣的語文活動時，現場的氣氛總是非常熱烈。

很多繞口令都是充分發揮語言遊戲的特點。我們現在不妨就來唸一首，題目叫做

〈門後有個盆〉。

門後有個盆，
盆裡有個瓶，
乒隆乒啷一聲響，
盆碰瓶，瓶碰盆，
也不知是盆碰瓶，
也不知是瓶碰盆。

大家不妨試試看，要唸得清楚是不容易的，而且如果還要求又快又準，那就更難啦，可是孩子們透過大聲朗讀這些充滿語言遊戲的兒歌和童謠，對於提升學習語文的興趣真的會有相當大的幫助。語文學習需要不斷的進階，就是「聽、說、讀、寫」，在「說」這個階段，如果能夠引導孩子體會到文字的音樂性，進而能夠欣賞文字的美感和節奏感，對孩子來說那可真是一大收穫。

●三字經，學習歷史文化知識

第三，能讓孩子在充滿趣味性的方式中學習。比方說像《三字經》，其實就是古代的兒童啟蒙讀物，裡頭所講的都是一些關於孩子成長應該要遵循及追求的行事準則，包括道德教育，還有就是讓孩子在朗讀充滿韻律的文字中，自然而然學習到關於歷史文化等等各方面的知識。

譬如「融四歲，能讓梨」，這一句指的就是孔融的故事，如果要做一個「中國古代好孩子」的選拔，孔融的排名一定很前面，他讓梨不只是讓哥哥，因為覺得哥哥比他大，當然應該吃大一點的梨，他也讓弟弟，因為覺得弟弟比他小，應該更受關愛、吃大一點的梨，孔融賁的是一個對兄弟非常友愛的好孩子。

再譬如另外一句「蔡文姬，能辨琴」，這一句講的是關於才女蔡文姬的故事，她是東漢時期著名文學家、書法家蔡邕的女兒，擁有所謂的「絕對音感」，有一天，蔡邕在隔壁房間彈琴，無意中彈斷了一根弦，由於彈得非常投入，以至於琴弦斷了都沒察覺，可是一牆之隔的蔡文姬非常敏銳立刻就發現了，還馬上就提醒父親。蔡

邕大感意外，也很懷疑，我女兒的音感真的有這麼強嗎？會不會只是碰巧啊？於是蔡邕就繼續彈，並且還故意彈斷另外一根弦，想要測試一下，結果蔡文姬馬上又聽出來了。《三字經》裡收錄了很多這樣的故事，古代的孩子們讀著讀著，自然就會吸收和學習到許多文史哲方面的常識。

有些兒歌還能引導孩子們去細心觀察周遭的一切，例如〈什麼蟲兒空中飛〉：

什麼蟲兒空中飛
什麼蟲兒樹上叫
什麼蟲兒路邊爬
什麼蟲兒草裡跳

蜻蜓空中飛
知了樹上叫
螞蟻路邊爬
蚱猛草裡跳

這樣的兒歌，屬於「問答歌」，一般分為兩個段落；第一個段落是「問」，在問的時候就會促使孩子去觀察，第二個段落是「答」，讓孩子的觀察得到印證。有問有答所以叫做「問答歌」。通過這首兒歌，即使是幼兒也可以得到一些關於自然界的基本概念，那就是世界上的生物這麼多，每一種生物都有屬於自己的生態習性，譬如蜻蜓會在空中飛，知了會在樹上叫，螞蟻不會飛也不會叫，只會在路邊爬，蚱蜢則只會在草叢裡跳來跳去……有了這些基本觀念，隨著孩子慢慢長大，孩子們透過閱讀和學習，自然又會逐步了解到會在空中飛的不止是蜻蜓；知了又叫做「蟬」，會叫的是雄蟬；螞蟻不僅是在路邊爬，也會爬上樹幹；而擅長跳躍的蚱蜢是因為後足發達……知識的獲得也是需要累積的，兒歌、童謠往往能為幼兒打下最初的基礎。

● 鍛鍊邏輯能力

第四，能讓孩子的邏輯推理能力在無形之中得到一點鍛鍊。舉一個例子。有一首兒歌，大家一定都很熟悉，叫做〈我有一隻小毛驢〉，我們現在不妨就來看一看。

我有一隻小毛驢，
我從來也不騎，
有一天我心血來潮騎著去趕集，
我手裡拿著小皮鞭，
我心裡真得意，
不知怎麼嘩啦啦啦，
我摔了一身泥。

這首可愛的兒歌敘述了一個簡單的故事，凡是故事就會有人物、有情節，一個精彩的故事還會巧妙的設計伏筆。在這個小故事裡，主人翁（那個「我」）後來之所以會摔了一身泥，不是無緣無故的，當然是有原因的，這個原因其實在前面一開始就已經透露過了，那就是這位主人翁雖然有一隻小毛驢，可是他「從來也不騎」

呀！從來不騎，頭一回騎，不被摔下來才怪呢！

◎

兒歌和童謠可以說是一種最古老的兒童文學的文體，它們的篇幅通常都比較短小，但是結構往往都比較整齊，語言也比較質樸，更重要的是韻律都很分明，音樂性和節奏感很強。如果能夠經常帶著孩子多讀一些兒歌和童謠，對一個幼兒來說，對於日後的學習——不僅僅是語文方面的學習——一定會有很多很好的影響。

27 為什麼說「孩子都是天生的詩人」？

為什麼很多人總喜歡說「孩子都是天生的詩人」？主要根據應該是源自於很多孩子、特別是幼兒，不時會講一些令人耳目一新的童言童語吧，聽上去都是那麼的可愛，不僅想像力豐富，而且還充滿詩意。

我也有過不少這樣的經驗。舉兩個小例子。當年我還在報社上班的時候，那個時候還沒有小兒子，每天晚上一下了班就立刻直奔保姆家，把大兒子接回來，有一天晚上，我牽著大兒子在社區裡走著，大兒子無意間一抬頭看到天上的月亮，就說：「媽媽，月亮也跟我們一起回家耶」，當時我也覺得——哇！好可愛哦！

還有一次，我在給他泡牛奶，他跑過來說要幫忙，小孩子嘛尤其是幼兒總是很喜歡幫忙，我不想打擊他的積極性，就讓他來幫，於是大兒子就拿著那根長長的調羹，慎重其事的攪啊攪啊，我說「要攪得勻一點喔」，我的意思當然是說要攪拌得

均勻一點，沒想到大兒子居然笑瞇瞇的問：「要像天上的雲一樣ㄩㄣˊ嗎？」由於中文裡有很多同音字，當時還是一個幼兒的大兒子識字還不多，詞彙量有限，於是一聽到「勻」這個字，小腦袋瓜裡首先聯想到的就是「雲」了。像這些毫不造作、渾然天成的詩意，是我們成年人很難模仿或是再現的。（也正因為這個緣故，能夠「返璞歸真」才會是一個正面的評價。）

回頭再來看看，為什麼孩子是天生的詩人？我認為關鍵在於，因為孩子都是天生的童話作家。童話思維其實是我們每個人的本能，只不過在幼兒階段會表現得特別明顯和突出而已。

大家不妨想想看，神話是怎麼來的？其實也就是遠古時期的老祖先們，對於眼睛看到的許多現象產生了濃厚的好奇，而當時又沒有科學常識可以來解答，於是就很自然地發揮想像力，用童話的方式來加以解答，這些「童話的解釋」就是神話。

● 奔放的童話思維

比方說，中國上古時代的先民可能觀察了兩百次、三百次，發現「好奇怪啊，為什麼每次在打雷之前都會先閃電啊」，在困惑沒法得到解釋之餘，就創造出兩個人物，是一對「工作小組」，是誰？就是雷公和電母啊，並且解釋道，原來是怕雷公錯打了好人，所以需要電母在雷公打雷之前趕快先閃電、把大地照亮一下，讓雷公要打就去打壞蛋，別來打我們好蛋。其實就算你是好人，如果在下著大雨、雷聲大作的時候跑到外頭，也是很危險的呀！

這種本能般的童話思維，表現在方方面面，在很多民俗文化裡也都可以看到童話的色彩。比方說，台灣有很多人都蠻相信所謂的「姓名學」，簡單來講就是根據你的生肖，再配合名字的筆劃，對你的一生做一番解析。我本來對姓名學是完全沒有接觸，毫無概念，直到一個老朋友跑去學，學了以後又很熱心地按照規則幫我看，我一聽，嘿，簡直就是童話啊！

譬如，我和哥哥、弟弟的名字都是三個字，中間那個字都是「家」，老友說，按照姓名學，同樣這個「家」字，對我跟我哥哥都還蠻好的，可是對我弟弟就沒那麼好了，什麼原因呢？請注意，我覺得接下來就是一種童話的解釋，原來「家」是寶蓋頭，像一個屋頂，而我哥哥是屬狗，狗狗住在一個有屋頂的房子裡，表示他是家犬，不是可憐的流浪狗，生活有一定的保障，所以還蠻好的；那我呢，我是屬老鼠，老鼠住在一個有屋頂的地方，表示我可能就住在穀倉裡，在吃東西這方面應該不用擔心，不過當然只能在晚上出來找東西吃，白天出來的話容易被發現，那就是「過街老鼠，人人喊打」了；最後是我弟弟，我弟弟屬老虎，一頭老虎如果住在一個有屋頂的地方，那會是哪裡呀？大概是動物園吧，要不就是馬戲團，雖然有基本的生活保障，但感覺上似乎總沒那麼好，因為老虎畢竟是「萬獸之王」，應該野放才對！

以上這些都是按姓名學的原則來看，實際上我的兄弟都非常好，他們在台灣都是就讀台灣大學醫學系，畢業以後也都申請到獎學金赴美深造，然後都拿到了美國的醫學博士，我弟弟——那頭應該野放的老虎，還是耶魯大學的醫學博士，很厲害吧！如果說好像跟姓名學的推論不怎麼符合，只能說剛才所說的那些「理由」，無非都只是一種童話的推論罷了，不是嗎？

再舉個例子。中國傳統的「鬼文化」，一開始其實也只是基於一種樸素的情感，然後才慢慢發展出許多「規矩」。譬如，因為懷念已故的親人，很想跟親人再聯繫一下，傾訴思念，那怎麼辦呢？有人說不妨寫一封信，再把信燒掉，這樣在另外那個世界的親人就可以收到了。藉由燒掉這樣的方式，把信傳送到另外一個世界，這難道不是一種童話般的想像嗎？如果想像出來的「規矩」、其實也就是一些行為準則太多，那就有點麻煩了。

●大膽想像，小心求證

我們生活在科學已經相當進步的現代，對於老祖先們的情感、想法、設定等傳統文化，表示尊重是無可厚非的，但只要了解到，這些民俗文化最初都只是一種童話的思維，就該知道實在不必過分當真，更不能不問來由、不加選擇的照單全收，嚴格執行，那就很愚昧了。所謂的迷信，不就是一種不加思考、不加選擇的照單全收，甚至完全不考慮時代因素而變本加厲嗎？

童話思維本身並沒有什麼錯，即使是科學，最初也是從一些奔放的童話思維而來。比方說，在中世紀的時候，當時大家都還相信大地是平的，如果你筆直往前走，一直走一直走，走了很久很久，總有一天會來到世界盡頭，然後嘩啦一下就掉下去，恐怕「萬丈深淵」都還不足以形容，後來是因為有些特別聰慧的人，觀察到一些現象，從而懷疑、發現原來大地不是平面的，而是一個球體。

● 幼兒期的想像力最飽滿

譬如，如果站在港口觀察船隻進港，當船隻最初出現在海平面的時候，我們只能看到船隻小小的頂端，根本不會看到一艘船完整的模樣，要隨著船隻漸漸駛近港口，船的整體模樣才會漸漸顯現，這就可以證明，原來我們所處的這個世界是一個球體，不可能是平面，只不過因為世界太大了，憑我們的肉眼平常很難看出是一個圓形的樣子。無怪乎有一句話說：「什麼是科學？就是大膽的想像，小心的求證。」所謂「大膽的想像」，往往就是一種童話思維。

幼兒身上的童話細胞都是比較活躍的，正如各個民族的神話故事，其中的想像力都最為飽滿一樣，家長如果能夠多多協助孩子開發這種與生俱來的童話細胞，對孩子的心智發展和學習都將會有很好的影響。

● 用童話眼光看世界

首先，儘管現在科學已經很進步，已經能夠解答大多數的疑問，可如果還能經常用童話的眼光來看世界，保持著旺盛的好奇心和蓬勃的聯想力，生活一定會比較有情趣，不難想像所感受到的正能量包括幸福感也一定會比較大。試想，一個熱愛生活的孩子，還怕他不會天天向上嗎？

其次，等到孩子上了中年級以後，開始要著手正式意義的作文了，如果孩子能夠巧妙的發揮童話元素，文章裡的童趣飽滿，這篇作文通常也不會太差，甚至還可能會因此表現得比較出色。所謂「生花妙筆」，往往就是充分發揮了童話的特質。比方說在寫記敘文的時候，一些精彩的、帶有童話色彩的比喻，都能提高作品的可讀性。

而以詩作來說，如果能找到一個出色的童話比喻，無異就等於是找到了一首詩的靈魂。

下面我們就來欣賞一首可愛的童詩〈蘑菇〉，作者是林良（1924-2019）。

蘑菇是
寂寞的小亭子。
只有雨天
青蛙才來躲雨。
晴天青蛙走了，
亭子裡冷冷清清。

有著圓圓小腦袋的蘑菇，看起來像什麼呢？林良先生覺得像一個小亭子，這是就蘑菇的外觀來發揮童話的聯想。緊接著，所謂的童話，其實就是擬人化，相信萬事萬物都是有感知、有感情的，林良先生覺得蘑菇不僅像一座小亭子，同時還是一座寂寞的小亭子，為什麼呢？當然，詩人所設想的這個理由也是童話，是因為「只有雨天／青蛙才來躲雨／晴天青蛙走了／亭子裡冷冷清清」。

不妨試著多多開發孩子的童話本能吧，透過童話的聯想，也許孩子也能寫出一些精彩的童詩呢。

28 閱讀神話的收穫？

閱讀神話，最大的收穫，就是可以讓孩子充分體會和欣賞老祖先們的想像力。如果把「童話」這個詞做一個廣義的定義，都是從神話時代開始的，在神話之後慢慢進入到民間傳說，然後才是現代創作的童話。

神話時代其實就像是人類文明的幼兒期，儘管以今天的眼光來看，當時還沒有什麼常識，但觀察力、好奇心和聯想力都還是有的，所以當各個民族的老祖先們，對於自己所生存的世界產生了很多好奇和疑問，在無法得到解答的情況之下，自然就產生了許多童話的解釋。

這也就是為什麼在各個民族的神話故事中，都會有很大一部分的比例是在「解釋」大自然各式各樣的現象，包括為什麼會有日月星辰？為什麼會有季節變化？為什麼會有洪水？為什麼會有地震？為什麼會有雷電？為什麼會有颶風？為什麼會有彩虹？為什麼會有這麼多的生物？為什麼會有人？這個世界究竟有多大？世界最初又是怎麼開始的？……

遠古時期，整個地殼都還不穩定，造山運動還在不斷的進行，舉凡洪水、地震、颶風、火山爆發等等自然災害頻仍，這些都是老祖先們生活中的一部分，他們不可能看不到，而看多了、體會多了、觀察多了，產生諸多疑問是非常自然的，而由於當時缺乏科學常識，他們的想像力不會受到什麼限制，這麼一來，也就表現得更為奔放和飽滿了。

● 人是怎麼來的

我們從各個民族的神話故事，還可以去感受先民對於萬事萬物的理解，這些理解就是放在今天來看，往往也還是很有意思。下面我們就來比較一下關於「人是怎麼來的」這個問題，欣賞兩個來自東西方不同的傳說。

在中國漢族上古神話中，〈女媧造人〉是一個很有名的故事，就是用童話的方式來告訴我們「人是怎麼來的」。女媧一開始是像做泥娃娃一樣慢慢捏出了一大堆的小泥人，這些小泥人一放到地上馬上就活了起來，然後到處亂跑，為大地增添無比的生氣，後來女媧可能是感覺到，這樣做人，速度太慢，效率不高，於是就改用神鞭沾著泥水到處撒，結果非常神奇的是，被撒出去的小泥點一落在地上也立刻就紛紛活蹦亂跳起來。所以，想想看，是不是很神奇——世界上的人這麼多，大家五官的「零件項目」都一樣，都是眉、眼、耳、鼻、口，但為什麼每一個「零件」形狀都不一樣（頂多只是「很像」）、組合起來的效果更是「五花八門」，竟然會有這麼多、這麼大的不同，有些人的五官似乎天生就是很精緻，他們大概是女媧慢慢捏出來的，而我們大多數人呢，可能就都是屬於後來女蝸大量生產的了！那就更是要從小培養閱讀的好習慣啦，這樣才能改變氣質呀。

在希臘羅馬神話故事裡頭，關於「人是怎麼來的」有不同的想像。據說「人」這種東西是普羅米修斯做的（就是幫人類盜天火的那位好心的大神，這是因為「懂得用火」是文明發展史上一個非常重要的里程碑），一開始普羅米修斯跟女媧一樣，也像是做小泥人一樣用泥土混著水慢慢做。說到這裡，這個「做小泥人」的想像，

東西方真可說是異曲同工，或許在那麼久以前，無論是東方或是西方的老祖先們，都已經模模糊糊地意識到，水是生命之源，因為在製作小泥人的過程中都需要水，無怪乎古老的文化都是誕生在有水的地方，像中華文化不就是誕生在黃河流域嗎？

普羅米修斯的小泥人不像女媧那麼的「全自動」，一放在地上就會活。哪怕只是小泥點，只要是出自女媧之手，一落到地上也會活。普羅米修斯做出來的小泥人放在地上，不會呼吸也不會動，完全只是空有一個軀殼，怎麼辦呢？

於是，普羅米修斯就從各個動物的身體裡頭去吸收了靈氣，然後再封在這些小泥人的胸膛裡，直到這個時候這些小泥人才活起來了！

這個想像，似乎可以解釋為什麼同樣是人，但每個人天生的特質都不一樣，因為動物的生態習性就都不一樣啊。如果只是從進食這個角度來做最簡單的區分，有肉食性、草食性和雜食性，普羅米修斯為小泥人注入動物靈氣的時候，當然不可能每一個都那麼平均，因此才會有的人天生帶著比較多肉食性動物的特質（譬如比較殘暴、兇狠），有的人則是草食性動物特質比較明顯（譬如比較溫馴、合群），也有的人是屬於雜食性……其實，這樣的「評價」，也還是站在人類的角度，所做出的童話式的評價，畢竟肉食性動物也只是順應牠們的天性，因此就被冠上「殘暴」、「兇狠」的標籤，也是有失公允。

再舉一個小例子。在希臘羅馬神話故事中，「死神」跟「睡神」是孿生兄弟，是不是很有意思？中國不是也有「長眠」一說嗎？我在好多小朋友的作文裡都看過類似的描寫，提到某一位長輩過世了，看上去好像是在那裡睡覺，睡得很熟……是啊，如果一睡不醒，就是死亡了啊。這麼一想，死亡這件事好像也沒那麼可怕，不是嗎？

總之，閱讀古老的神話故事，一方面可以欣賞老祖先們飽滿奔放的想像力，另外一方面，也可以細細體會老祖先們對生活的種種感悟，都是很有意思的。

29 閱讀民間故事的收穫？

上一篇我們曾經說過，廣義的「童話」都是從神話故事開始的，先有神話故事，再從神話故事進入到民問故事的時代。今天來閱讀民間故事，我認為最大的收穫，就是可以欣賞到一種生活的情趣，並且重溫許多永恆的價值觀。

在過去，一方面受教育的機會比較少，另一方面娛樂的方式也比較少，所以說故事、聽故事就成了一種非常普遍，同時也相當重要的休閒活動。我們從各個民族的民間故事裡，不僅可以看出老祖先們對生活的理解，也能感受到他們對生命的追求。而因為民族的不同，反應在民間故事裡很多所謂的生活經驗、或是生活智慧都不大一樣，經過代代相傳，久而久之也就慢慢形成所謂的民族性，成為一種文化。

民間故事最初都是透過口耳相傳，自然而然慢慢流傳下來的，後來在造紙術、印刷術陸續發明以後，再經過學者專家的努力，才得以用文字保存下來。比方說，大家都很熟悉的《格林童話》，其實就是德國的民間故事集，由格林兄弟所整理而成。「格林兄弟」是雅各・格林（1785-1863）和威廉・格林（1786-1859）兄弟倆的合稱。這兩個年齡相仿（只相差一歲）的兄弟，性情相近，興趣相投，都是十九世紀德國著名的歷史學家和語言學家，一生無論是工作或是生活都在一起，攜手做了不少的事，其中之一就是到德國各地從很多老先生、老太太的口中，採集到很多有意思的故事，再以相當不錯的文筆整理出來，使得這些作品擁有很高的可讀性。

● 民間故事，以書的形式深入人心

《格林童話》出版於一八一二至一八五七年。在一八一二年第一卷出版之前，兄弟倆花了六年的時間做故事採集。值得注意的是，在第一卷出版的時候，封面上印的是《兒童與家庭童話集》，也就是說這是給所有家庭及孩子們共同欣賞的故事，並不是只給小孩子看的。後來因為《格林童話》的成功，受到廣大讀者的歡迎和矚目，還帶動了歐洲各個國家也都開始派人到處去搜集，整理那些原本都是口耳相傳的民間故事。畢竟以口耳相傳這樣的方式來傳播，影響力非常有限，等到很多講故事的人陸續辭世之後，或許很多精彩的故事也就都被跟著帶走，而只要行諸文字，以書籍的形式保存，這些故事就得以有效流傳下來。

今天我們來讀民間故事，最大的啟發，就在於物質條件原來並不是營造生活情趣的必要條件。對於追求生活情趣來說，物質條件當然可以提供幫助，可終究不是必要條件，這就好像有錢或許在某種程度上，確實容易讓人比較有幸福感，但不一定就能保證幸福，道理是一樣的。在老祖先們的想像中，每一座山、每一條小河、每一個地方、每一個植物、每一朵花、每一種果實、每一種動物……放眼望去，幾乎生活中一切的一切都有故事。「節日故事」則在故事中，還深刻反應出先民生活的軌跡，成為每一個民族的重要傳統。

對於現代童話來說，民間傳說是一個極其重要的寶庫，或者也可以說民間傳說是現代童話的搖籃，許多現代童話作家都從民間故事中汲取了豐富的營養。就連「現代童話之父」安徒生，在剛剛開始從事童話寫作的時候，在最初兩三篇作品（〈打火匣〉、〈大克勞斯和小克勞斯〉等等），也都受到民間故事很深的影響，有著民間故事明顯的影子，不過安徒生很快就走上全新的創作，把「童話」視為一種文類，大家也才慢慢發現原來「童話」也是可以創作的，並不只是那些透過口耳相傳的民間故事才叫做童話。這就是安徒生的偉大之一。

除此之外，我們當然也可以從民間故事去了解老祖先們對生活方方面面的看法。前面我們也說過，由於過去受教育的機會比較少，所以民間故事裡自然不免會充滿很多道德教訓，有助於維持社會的穩定。不過，很多民間故事中所宣揚的價值觀，比方說誠實很重要，勤勞很重要，做人要大方、無私、正直、勇敢等等，即便是放在今天也毫不過時，而「最終往往只有善良的人才能夠得到幸福」之類的設想，也給了很多心地良善的普通人一個朦朧又美好的盼望。

30 為什麼「想像比知識更重要」？

為什麼「想像比知識更重要」？這一句話完整的說法是這樣的：「想像力比知識更重要，因為知識是有限的，而想像力概括著世界的一切，推動著進步，並且是知識進化的源泉。嚴格來說，想像力是科學研究中的重要因素。」這段話是誰說的呢？是猶太裔傑出的物理學家愛因斯坦（1879-1955）說的，後來這一段就被大家提煉成「想像比知識更重要」這句話。

想像比知識更重要，重點在於想像是創造的核心，也是文明的核心，這主要表現在三個方面。

第一，就文學藝術來說，想像力當然是非常非常重要的，不管是童話或是小說，都需要想像，只不過是不同的想像；小說是建立在真實基礎之上的想像，童話則是完全要創造出一個不同於真實世界的世界。《魔戒》（《指環王》）的作者——被

推崇為「現代奇幻文學之父」的英國作家托爾金（1892-1973）曾說「要創造第二世界」，所謂「第二世界」，就是我們所處的這個真實世界以外的世界。為了建造這個第二世界，托爾金的想像真可說是鉅細靡遺，甚至還發明了一套精靈語言，裡頭有單字、有片語、有文法，聽說頂級「魔戒迷」聚會都會用精靈語來交談，實在是妙不可言。

對文學藝術而言，想像是一個核心，如果沒有想像，可以說就沒有文學也沒有藝術了。只不過在有了想像之後，還要能夠很好的駕馭自己的想像，不會流於「只能放不能收」，開篇令人眼睛一亮，卻愈來愈不對勁兒，到後來無力收場，只能草草解決。這就涉及到寫作技巧的問題。

第二，就科學而言，科學也是需要想像的，只不過文學家在有了想像之後，所要做的是如何自圓其說，而科學家在有了想像之後，就得想辦法去證明。能夠量化，並且被不同的人不斷重覆的東西才叫做科學。譬如英國偉大的科學家法拉第（1791-1867），在一百多年以前為孩子們設計了很多自然科學實驗，到現在全球小朋友在上科學課的時候都還在做，得出來的結果和一百多年前完全相同，這才是科學；如果說實驗結果會因人而異、因地而異，那就不叫科學了。

第三，就人類的精神追求來說，也很需要想像。如果沒有想像，不能設想未來會更好，也就是如果對未來不抱希望的話，哪來的鬥志？很多時候現實生活真的是挺難熬的。很多所謂的新興社會學科（譬如「成功學」）所販賣的，無非就是一種想像，讓你願意相信聽了那一套之後，整個人生就會徹底改觀。說真的，一方面在當今多元化的社會裡，「成功」的定義不應該那麼單一，好像非得要出人頭地、賺大錢才叫做成功，另一方面每個人的人生都是獨一無二的，想要去複製別人的人生道路，取得所謂的成功也是不可能的。然而，就算在理性的分析上大家也明白成功學不能當真，可實際上很多人卻還是忍不住願意相信有成真的可能，這其中就是靠著想像力在發揮作用，給人一個美好生活的願景。

● 看童話有什麼用？

很多家長都會問：「小孩子看那些童話故事有什麼用？童話不都是假的嗎？都

是作家亂編的啊？」」實際上讀童話故事（這裡所說的是廣義的「童話」）可貴之一，就是在欣賞別人的想像力，包括老祖先們的想像，進而激發孩子們的想像，因為想像力實在是太重要了，擁有不錯的想像力，思維才會比較活潑，不僅會比較有創意，就是在學習上也才比較能做到融會貫通，事半功倍，不至於死讀書、事倍功半。

如前所述，孩子們在幼兒時期，應該是想像力最豐富的階段，為了呵護孩子的想像力，誠懇建議家長一定要重視孩子的「遊戲權」，允許孩子們玩。很多家長總巴不得孩子每一分每一秒都撲在學習上，一看到孩子在玩就受不了，事實上成年人也不可能每分每秒都在心無旁騖的工作啊，怎能用如此過高的標準來要求孩子？更何況當孩子在玩的時候，往往是他們的想像力最能得到釋放和發揮的時候。比方說，我的兩個兒子在小時候，只要在一起玩什麼英雄怪獸對戰的遊戲，我在旁邊看著，看他們抓個玩具自己編劇情、旁白、做音效，樂此不疲，這些遊戲的本質就是想像，跟小女孩在一起玩扮家家是一樣的。

最後，還有一點不妨也提一下，有些家長還會擔心，說小孩子看多了童話故事，會不會分不清現實跟想像的區別啊？確實，我們是看到過一些讓人匪夷所思的新聞，有小孩去學某一個卡通動畫裡的情節，因而發生了慘劇，但我實在很懷疑，闖禍的孩子真的不知道卡通動畫裡的「假」嗎？恐怕一開始還是惡作劇的心態在作祟吧，只不過因為後來闖了大禍，不知道該如何收場，只好怪罪卡通。當然，不能否認的確也發生過一些奇怪的事，有孩子因為看了武俠小說（「武俠小說」就是成人世界的「童話」啊），居然跑到山裡想要找什麼師父來學武功，那我們只能說像這樣的事情畢竟是特例，所以才會成為新聞，「新聞」的定義本來不就是「狗咬人不是新聞，人咬狗才是新聞」嗎？大家不用過分擔心，要相信在絕大多數的情況之下，孩子們都能夠分得清什麼是現實、什麼是想像，他們只是喜歡享受想像的樂趣而已。

31 為什麼要著重讀經典？不能讀流行文化嗎？

閱讀為什麼要著重讀經典，不能讀流行文化嗎？關於這個問題，我們可以從兩方面來分析。

首先，為什麼要讀經典？這是為了要打好語文學習的基礎，同時也是打好精神文明的基礎。

德國大文豪歌德（1749-1832）曾經說：「如果只讀平庸的作品，沒有辦法培養出很好的文學鑑賞力。」確實如此，凡是經典文學，都經過時間的考驗，既然能夠一代又一代流傳下來，必定有其可貴之處。如果孩子們能夠著重讀經典，一方面是為語文學習打好堅實的基礎，另一方面，因為很多經典文學裡，所崇尚的價值觀都非常的高尚，孩子們透過閱讀，一定也會自然而然地受到一些感染，這就是打好精神文明的基礎。

講到這裡，不得不再次談談關於經典文學改寫的問題。

兒童文學是近代才有的概念，經典文學都是源遠流長，歷史非常悠久，幾乎都是成人文學，對孩子來說是很難直接就去接觸的，在這種情況之下，經典文學少兒版、也就是改寫版，就是一個權宜之計，我認為這就好像孩子們在小時候需要穿童鞋童裝一樣，先讓孩子擁有一點基礎，在孩子的心中種下文學美好的種子，隨著孩子慢慢長大，自然比較有可能再去閱讀原來的版本。

● 改寫，是經過消化後的詮釋

另外還有一種觀點是——經典文學怎麼能夠改寫呢？改寫絕不可能呈現經典文學的精髓，真的是這樣嗎？我認為這個問題的關鍵應該是在於改寫不當吧，因為所謂的「改寫」不應該只是「縮寫」，應該是作者（改寫者）在經過消化處理之後的一種詮釋。比方說，《水滸傳》裡頭有一百零八個所謂的英雄好漢，如果是用縮寫的方式把每一個人物都平均寫上六百字，也是六萬多字了，可是一人六百多字，讀起來豈不是在讀每一個人物的小檔案、履歷表，有什麼好看？不如把一本書六萬多字的篇幅，用來只寫十幾二十個最突出的人物，像花和尚魯智深、豹子頭林沖、玉麒麟盧俊義、行者武松、智多星吳用、大刀關勝、小旋風柴進、黑旋風李逵等等，這麼一來，不僅孩子們讀起來會覺得好看，或許也會主動想再去多了解其他那麼多好漢的故事。對經典文學做一番有消化、有選擇、有處理的呈現，這才是改寫。

其次，我們為什麼要著重讀經典？第二個理由就是——因為經典文學都已經成為文化的一部分，是一定要掌握的。

舉一個例子。有一個出自漢語能力鑑定考試的題目是這樣的。

「小王打電話給小劉，問他『小張來了沒』，小劉說：『小張啊他現在還沒到，但是他剛才打過電話來說很快就會到了』，他們倆正在講話的時候，『叮咚』一聲，門鈴響了，『說曹操曹操到』，請問這個時候是誰到了？」

這是一道選擇題，在候選的答案中——①小王，②小劉，③小張④曹操，大家看到「曹操」居然也在候選答案上的時候恐怕都會覺得很滑稽，這是因為我們知道「說曹操曹操到」是一句俗語，是「說到誰、誰剛好就到了」的意思，可是很多外國人因為不知道這句俗語，因此立刻就以為——「哇！這是一道送分題耶，明明題目裡都告訴我們是曹操到了呀！」

這些俗語、成語、歇後語等等都是中華文化的一部分，在有需要的時候，誰不會張口就來上幾句，可是對於外國人來說，如果想要靠著硬背《成語詞典》、《俗語大全》、《歇後語大全》之類的工具書來掌握，是相當困難的，唯有通過閱讀，在閱讀中自然領會和掌握，那學習起來就容易得多了。

● 小學畢業前，必讀東西方經典文學

再舉一個小例子。有一對外國年輕情侶來到中國大陸旅行，在取中文名字的時候，因為想要表現彼此的感情很好，就想共用一句俗語，意思就是說找到一句滿意的俗語，把這句俗語拆成兩半，以音譯的方式來取名字。他們精挑細選終於挑到一句六個字的俗語，於是男孩子叫做「司馬當」，女孩子叫做「霍瑪伊」，這兩個名字是不是都還滿好聽的？「霍瑪伊」不僅好聽，寫起來也很好看。

可是如果把這兩個中文名字拼在一起──「司馬當霍瑪伊」──這下大家就都明白了吧？他們挑的那句俗語原來是「死馬當活馬醫」啊！如果他們知道這句俗語的意思，恐怕無論如何也不會選這句話了吧！

學習語文的道理都是一樣的，任何一種語文，想要學得好，絕對不能只讀課本，一定要靠大量的課外閱讀，尤其是要閱讀經典文學，就是因為經典文學裡頭有很多文化層面的東西。

◎

我認為，孩子們在小學畢業以前，真該把經典文學──不管是中國的經典文學或是西方的經典文學──當成是必讀書單，不過，如前所述，在孩子年齡還小、尤其是幼兒階段，很難直接去閱讀原著，不妨就讓孩子從聽故事或者從少兒版開始接觸吧。

32 為什麼經典文學總是「很難看」？

前面我們曾經提過，如果家長能夠閱讀經典文學，再用講故事的方式講給孩子聽，對幼兒來說，是一個很好的接觸經典文學的方式，那很多家長在閱讀經典文學的時候，應該多半都是閱讀原著了，於是就經常會有一個疑問——「為什麼這些經典文學總是這麼難看啊？」

「難看」——以大白話來講，大概就是「簡直讀不下去」了。

原因主要是兩個。

第一，是由於表述方式的不同。比方說像「意識流」，就是現代才有的一種小說技巧，在過去是沒有的（若處理得不好就會變成「意識亂流」），一般大眾就算不是從事文學創作，或是做文學評論，只是一個單純的讀者，當然還是讀得出來那些年代久遠的作品和當代作品的感覺完全不同，很多人之所以會覺得經典文學不好看、甚至很難看，有很大一部分原因就是因為我們不習慣、不熟悉過去那樣的表述方式。

關於這一點，其實是可以克服的，只要沉住氣、耐著性子慢慢讀個一章、兩章就會逐漸適應。

● 人性刻畫非常傳神

其次，為什麼我們一般人會覺得經典文學不好看，可能是由於對書裡頭的某些內容感到隔閡，比方說對於裡頭所描寫的有些事物非常陌生，自然不容易很快就引起閱讀的興趣。

不過，請大家要有信心，經典文學之所以能夠一代又一代的流傳下來，多半都是因為其中對人性的刻畫非常傳神，能夠直指人心，引起廣泛的共鳴，這些核心的東西是不會被時代所淘汰的，因而也就經得起時間的考驗，無論大環境如何變遷，經典文學總能不斷被重新解讀，這就是所謂的歷久彌新。譬如近些年來對《西遊記》

Welcome

的解讀就有好多種版本，有的儘管只是開開玩笑，並不是嚴肅的文學解讀，可依然獲得廣大的迴響。

● 感人的力量

我們不妨來看一個兒童文學的例子。義大利最有名的兩本兒童文學作品，一本是《愛的教育》，另外一本是《小木偶奇遇記》。我們現在來看看《愛的教育》。這是亞米契斯（1846-1908）的傑作，小時候我一看到這個書名就覺得有一點怕怕，因為有「教育」一詞，想像中會不會從頭到尾就只顧著教訓我們小朋友啊，實際上這本書的義大利原文如果採取直譯叫做《心》，中譯版本《愛的教育》這個採取意譯的書名，是由著名文學家夏丏尊先生（1886-1946）所定下來的。主人翁是一個名叫安利柯的小男孩，全書以日記的形式，從十月份安利柯升上四年級開學第一天開始寫起，一直寫到翌年七月份，一共一百篇文章，都是發生在安利柯身邊各種有意思的小故事，然後每個月老師還會在課堂上向大家宣讀一篇故事，這十篇「每月故

事」就完全與安利柯的生活無關，一篇篇都是深具感染力、能夠充分發揮正能量的短篇小說，其中有一篇〈小抄寫員〉，裡頭雖然提到一個早已消失的行業，但絲毫不會影響這篇作品的精彩以及感人的力量。

故事大致是這樣的。主人翁是一個很有孝心的小男孩。因為家庭貧困，爸爸為了養活全家，晚上還要做兼職抄寫員。小男孩一直很擔心爸爸的健康，很想為爸爸分擔生活的重擔。一個深夜，爸爸拖著疲憊不堪的身體回房就寢以後，小男孩偷偷爬起來幫爸爸繼續抄，隔天早上爸爸居然沒發現，還為自己昨夜驚人的勞動量感到非常自豪，看到爸爸這麼高興，小男孩也很高興，於是從那天開始，他就夜夜悄悄擔任小抄寫員，每當聽到爸爸一回房，他就躡手躡腳離開溫暖的被窩，暗中接替爸爸努力工作。

他畢竟是一個孩子，這樣經常熬夜很快就吃不消了，開始在課堂上打起了瞌睡，成績也明顯下滑，這導致爸爸非常生氣，嚴厲的質問他，我每天這麼辛辛苦苦連晚上都還必須忙個不停，為的是什麼？還不就是希望提供你們溫飽，讓你們受教育，將來能夠過上好生活，你這個樣子，對得起我嗎！

經典文學，歷久彌新

小男孩很委屈，可還是一聲不吭，因為不想讓爸爸知道實情，唯恐破壞了爸爸那份自豪感。挨了罵之後，小男孩也想過放棄，不再做這個秘密工作，但一想到爸爸的辛苦，每當一聽到爸爸回房的聲音，就還是忍不住爬起來。

他就這樣一直死撐，直到一天深夜，他因太過疲倦，不知不覺趴在爸爸的抄寫臺上，而被爸爸發現為止。不用說，發現真相的父親，自然是熱淚盈眶，而一路心疼小男孩的讀者，在這個時候，也才總算鬆了一口氣。

在這個故事裡所提到的「抄寫員」這個工作，現代的孩子們恐怕連聽都不曾聽過吧！可是這有什麼關係？就算會有些隔閡，但是這篇作品不僅敘事精彩，情感更是飽滿，讀了之後我們還是一樣會滿心溫暖，深受感動，對不對？

經典文學都是歷久彌新、值得一讀再讀的，因為隨著我們年紀和閱歷的增加，重溫經典一定能看出其中更多的精妙之處。這大概就是上了年紀最大的好處了！因為我們的感受力增強了，年少時囫圇吞棗硬啃下去的諸多經典，現在終於能夠好好的欣賞了。難怪會有這麼一句話說：「當我們閱讀一本好書的時候，就像認識了一個好朋友，而當我們重新溫習這本好書的時候，就像是跟一個老朋友重逢。」

所以，儘管表面上經典文學好像總是很「難看」，但只要能夠靜下心讀進去，多半都是不會讓我們失望的。

最後還要提醒一點，那就是——想要提升閱讀能力，也必須定期讀一些不是那麼容易讀、但絕對是值得讀的好書，那經典文學當然就是最好的選擇了。

33 如何引導孩子發表讀書心得？

如何引導孩子發表讀書心得？

如果我是語文老師，一定會定期（譬如半個月一次）讓我班上的孩子們認真來寫一篇讀書心得，我相信假以時日（比方說一個學期甚至一年），孩子們透過書寫讀書心得，不僅對於所讀過的書會有比較深入的了解，對提高作文表現也會很有幫助。

幼兒因為還沒有開始進行作文——當然也不必急著過早就進行作文的練習——但是，如果家長能夠用發問的方式，技巧的引領孩子發表讀書心得，讓孩子擁有讀書心得的概念，對孩子也會很有益處。

一篇讀書心得大致該有哪些內容？簡單來說，無非是三個方面——關於這本書的基本介紹、關於這本書的大意介紹，以及讀完這本書以後的心得體會。練習書寫這

三個方面，對於孩子日後、尤其是在作文表現上會有哪些幫助呢？

第一，能夠鍛鍊孩子們的細心。很多小朋友經常連書名之類都會抄錯，真是小糊塗蟲，一篇讀書心得，第一個部分就是要稍微的介紹一下關於這本書的基本資料，包括書名、作者、這是一本什麼樣性質的書，是一本童話還是傳記故事、或歷史故事、或是科普讀物等等。如果是一篇五百字的讀書心得，這個部分最好不要超過一百字，而且儘管是屬於資料，行文當然還是要力求生動，避免生硬。

● 找重點的能力

第二，能夠鍛鍊孩子們的歸納能力。讀書心得第二個部分就是要介紹書的大意，也就是說這本書大概在講什麼，一篇五百字的讀書心得，這個部分應該占到一百五十至二百字左右。請大家想想看，一本童書（童話或小說）通常是五六萬字，如何用有限的文字，以一兩百字就能把五六萬字的內容講清楚，進而還能講得精彩，這不就是在鍛鍊孩子歸納組織的能力嗎？這實際上也是「找重點」的能力，這是一個很重要的能力，如果不會找重點，別說作文了，在學習上一定也經常都是事倍功半，整天忙得跟無頭蒼蠅一樣，雖然付出很多時間和很大的心力，恐怕還是效果不彰。

第三，能夠鍛鍊孩子們的聯想能力。一篇讀書心得最重要的部分當然就是「心得」了，如果是一篇五百字左右的讀書心得，這個部分最好能寫到兩百字左右，偏偏很多小朋友的心得往往只有一句話，譬如「看了這本書，我覺得很有收穫」，就算是真心話，光是這麼報告一句也是不行的，孩子們要練習以這句話做為一個起點，然後慢慢挖掘，認真的想一想，究竟是哪方面的收穫，書中又是哪個篇章、或是哪個人物引起自己強烈的共鳴？好的作文材料都是挖出來的，所謂的「心得」就是要從內心和真心出發，從一句話聯繫到生活上，向讀者展現自己在讀了這本書以後，哪些方面確實受到了啟發。作文實際上就是一個聯想的遊戲，只要能把讀書心得的心得部分寫好，作文沒有寫不好的道理。

◎

在了解了一篇讀書心得應該有的內容，以及孩子們能從書寫讀書心得得到哪些方

面的鍛鍊之後，家長在陪伴幼兒做親子共讀時，不妨用口語交流、用問答的方式，來協助孩子具備這些關於讀書心得的基本概念。

當然，千萬不要像考試一樣，那樣的氣氛是很煞風景的，恐怕會讓孩子產生排斥的心理，那就得不償失了。此外，家長一定要耐煩，陪著孩子慢慢挖出他的想法，不要忘記孩子還小，不能用一個大孩子、甚至成年人的標準來要求。

● 你最喜歡哪個故事？

比方說，現在親子共讀了一本少兒版的《西遊記》，看完以後如果問孩子「你喜歡嗎」，他很可能一開始就只回答三個字——「喜歡呀」，接著我們可以再問「你喜歡哪個地方呢」（實際上是問孩子喜歡《西遊記》裡頭的哪一個故事，是〈孫悟空大鬧天宮〉還是〈孫悟空三打白骨精〉等等），孩子或許會說「是這個」（假設是〈豬八戒巡山〉），我們就帶著孩子把〈豬八戒巡山〉大聲讀幾遍，接著再問「為什麼你特別喜歡這個故事呢」，一開始孩子可能只說「那個豬八戒好好笑哦」，可能還需要一來一回多交流幾次，孩子才能慢慢說：「那個豬八戒，他都不知道孫悟空在旁邊偷看，就自己一個人在那邊演戲，對著石頭嘮嘮叨叨，都不曉得孫悟空一直在偷笑，還以為自己演得很好……」

就這樣，孩子不是就從「那個豬八戒好好笑哦」一句話，慢慢挖出了很多內容嗎？

只要家長寬容些、寬鬆些，不要著急，多鼓勵孩子自己慢慢想，再慢慢發表心得，孩子的口語表達能力（包括聯想出豐富的素材，以及如何組織這些素材）自然就都能得到很好的鍛鍊。而在「聽、說、讀、寫」的原則之下，只要孩子在幼兒階段能夠把「說」（口語表達）打好基礎，日後的「寫」（文字表達）才會表現得比較理想。

34 什麼是「主題式的閱讀」？

前面我們曾經談到過，為了要能夠很好地跟孩子們講故事，就必須用心建立自己的故事庫。其實為了想要引領孩子在閱讀上能夠有一點心得，我們自己本身也必須掌握一定的文學素養，那就應該要有主題式閱讀、還有延伸閱讀這樣的概念。

這一篇先說主題式閱讀。

什麼是主題式的閱讀？可以從三個方向來著手。

第一，就一個明確的主題來進行相關的閱讀，比方說關於年節的故事、端午節的故事、耶誕節的故事等等。也可以彈性一點，「主題雖然是明確的，但所收集的故事沒有標準答案」。譬如現在有一個主題——關於母愛的故事，有哪些故事呢？應該很多人很快就會想到安徒生的一個名篇〈一個母親的故事〉吧，那真的是一個滿悲傷的故事，還有呢？孟母三遷的故事也不錯，唐朝詩人孟郊的〈遊子吟〉，其中也很有畫面、很有故事性，又或者從報章雜誌看到的能夠彰顯母愛的故事，都可以記錄下來，這樣經過一段時間慢慢整理和累積，就能針對關於母愛這個主題收集到豐富的故事素材，而記錄下來的故事都是我們自己所認可的，和別人的觀點不一定相同，這就是「沒有標準答案」的意思。

第二，就文類來做主題式的閱讀，以大白話來講就是按每一本書的性質來做為主題，比方說科幻類、推理類或是成長故事類等等，然後按這些類別去搜集故事，每讀到一本不錯的書、找到一個不錯的故事，就按它的類別記錄下來。

譬如，關於推理故事，有出自《福爾摩斯探案集》裡頭的作品，也有出自《亞森·羅蘋故事集》，或者是英國女作家克莉絲蒂（1890-1976，代表作有《東方快車謀殺案》、《尼羅河上謀殺案》、《謀殺啟事》、《無人生還》等等），或是日本作家東野圭吾（生於一九五八年，代表作有《放學後》、《新參者》、《湖畔》、《解憂雜貨店》等等）。按文類來收集故事的一大好處是，由於每一個文類裡頭都會有好些不同作家的作品，這樣就很便於分析作家們不同的風格。有了參照，有了分析，對於提升自己的文學眼光當然會頗有助益。

真實的生活烙印

第三，以作家為單位，如果碰到喜歡的作家，不妨就有系統的多閱讀幾本他的著作，同時不妨主動收集一些關於這位作家的生平資料，不管是訪談或是書籍，這樣會幫助我們更好的來理解和欣賞這個作家的書。作品是作家個人風格的延伸，作家的人生經歷，包括他的價值觀，都會自然而然、多多少少反應在作品裡頭。

比方說，只要對安徒生的生平有一定的了解，再讀他的〈醜小鴨〉、〈她是一個廢物〉、〈人魚公主〉等等，就會體會到安徒生哪裡是在寫童話啊，在安徒生許多童話裡，都有來自於他自己小時候真實的生活烙印，還都有一個中心思想始終如一的貫穿其中，那就是生而為人一定要力爭上游，就像人魚公主最後寧可化為泡沫的選擇，其實不一定是像很多人批評的那樣，是為了愛情願意犧牲一切，好像太不值得，而更像人魚公主是為了要追求一個高貴的靈魂。再比方說英國童話作家羅爾德·達爾（1916-1990，代表作有《巧克力冒險工廠》、《飛天巨桃歷險記》、《女巫》），如果讀過達爾那本自傳體散文《男孩：我的童年往事》，在欣賞他的諸多童話時，一定更能看出許多興味。

◎

遨遊書海，如果只是抱持著隨意的態度來閱讀，固然也沒有什麼不好，不過，如果能夠有一點計劃性，閱讀帶來的收穫肯定會更大。主題式閱讀就是一種計劃性的閱讀。大家不妨試試看。此外，不管是按什麼樣的主題來做主題式的閱讀，在做故事收集的時候，不妨也都及時記錄一下自己對這本書、這個故事的看法。譬如，東野圭吾的《解憂雜貨店》儘管大受歡迎，可我不認為這是一本推理小說，應該被歸類為是魔幻故事，在「魔幻故事」這一類裡頭，不妨也把這本書帶上。

35 什麼叫做「延伸閱讀」？

如前所述，無論是想要做好故事媽媽、故事爸爸的故事題材庫，或是就自己的文學素養而自修，都應該要有主題式閱讀和延伸閱讀的概念。上一篇我們講了主題式的閱讀，這一篇要說的是延伸閱讀。其實無論是主題式閱讀或是延伸閱讀，目標都是一致的，都是為了要把閱讀這個事做得更精緻、更深入一點。

這兩個概念的說法和做法，有那麼一點相似之處，但是又略有不同。不同之處在於，延伸閱讀的概念有一點像命題作文，必須要先有一個起點（就像要先看到一個作文題目，然後才能開始搜索素材），當我們讀到某一篇文章或是某一本書，進而主動去搜集閱讀相關資料，這就叫做延伸閱讀。

和大家分享一次經驗。有一年我去新加坡做講座，主辦單位安排我到一所小學，要我跟一班五年級的小朋友上一堂語文課，在上課之前我看了一下他們的課本，發現在一個學期之內，居然有三篇課文都是選自《聊齋》再加以改寫，是哪三篇呢？分別是〈種梨〉、〈嶗山道士〉和〈水鬼城隍的故事〉（也就是〈王六郎的故事〉）。這三篇課文的注解是一樣的，都只有短短幾行——本文選自《聊齋誌異》，《聊齋誌異》的作者是蒲松齡，生於一六四〇年，死於一七一五年，字留仙，一字劍臣，別號柳泉居士，世稱聊齋先生，自稱異史氏……就這麼簡單的幾行，請問小朋友讀了會有感覺嗎？恐怕沒什麼感覺吧，所以後來上課的時候，我就跟小朋友們講了關於蒲松齡的故事。

● 了解作者創作的背景

蒲松齡所生活的年代是明末清初，在他年少時碰到張獻忠、李自成起義，後來清軍入關，社會動盪不安。他在十九歲的時候參加縣府考試，縣、府、道試都得到第一名，考中秀才，這個時候的蒲松齡想必是意氣風發，一副前途無量的架勢，彷彿只要更上一層樓，取得更高的功名，就會有享不盡的榮華富貴，可惜，後來他就再也考不上了，終其一生始終是一個秀才，所以，蒲松齡的故事不時就會被很多人拿來引用，說「少年得志」不見得好。

事實上，蒲松齡在十八歲那一年能考得那麼好，其中有機運的成分，因為當時的主考官不是那麼的死板、不是那麼固守八股文的標準（八股文也是一種文類，想要考科舉，一定要學好八股文），儘管蒲松齡的八股文不是那麼好，但主考官有鑑於蒲松齡的文采，還是錄取了他，只是蒲松齡此後就再也沒碰到過這麼賞識他的主考官了。於是，也有很多人感慨道，中國那句老話「禍福相倚」真是一點也不錯啊，福和禍總是緊緊相伴，因此到底是福是禍，有的時候真的很難講，眼前看起來明明好像是好事，也許過了幾年之後回頭來看，才會發現這其實是一個壞事。

然而，也正因為科舉之路屢遭挫敗這個壞事，又成了促使蒲松齡寫作《聊齋誌異》的好事。很多人總喜歡帶著戲謔的口吻說，就是因為蒲松齡做了一輩子的窮秀才，《聊齋誌異》裡頭才會有那麼多的女鬼啊、花精啊、狐狸精啊等等，一個個都是又漂亮又能幹，對男主角一往情深，最後還協助主人翁擺脫了貧窮，過上了好日子，甚至還有人說，《聊齋誌異》說到底，中心思想就是「如何脫貧致富」。

《聊齋誌異》裡除了為數頗多的人鬼戀、人妖戀，還有很多是反應社會不公、諷刺時政的故事，如果我們對於蒲松齡所生活的時代背景也能有所了解，再來欣賞《聊齋誌異》肯定就更能把握精髓。

總之，關於蒲松齡，有很多活生生的故事可以告訴孩子。也就是說，有很多相關資料可以做延伸閱讀，而由一篇課文來做延伸閱讀，對孩子們來說，自然是比短短幾行簡介更具吸引力了。

◎

當然，也不必過於嚴肅，每讀到一篇文章或一本書就立刻要求自己做延伸閱讀，但如果能夠有延伸閱讀的概念，並且不時就付諸行動，閱讀的品質勢必會比較深入，不會一直只流於表面。

36 閱讀的質與量該如何把握？

就培養良好的閱讀習慣來說，在目標上當然都是要質與量並重，兩者都很重要，不過在實際的執行上、在過程上，往往還是應該先注重量，而在求量的同時，對於質的把握、也就是對於圖書好壞的鑑別能力，自然而然就會慢慢提升。

簡單來說，就是要「先求廣，再求深」。

打一個比方，就拿看電影來說，我是一個資深影迷，很喜歡看電影，看電影是我生活中「小確幸」的重要來源之一，但是在看過這麼多的電影中，當然不可能每一部都是所謂的精品，可這是很正常的，問問任何一個愛看電影的人，誰沒看過爛片呀！但我們現在對於挑電影的眼光，以及比較不容易再被隨便忽悠進電影院的能力，正是因為有了一個量做基礎，才不會那麼依賴那些權威的影評人，或是只關注這部片子是不是得過哪些獎。得獎這種事永遠都是僧多粥少，不必那麼在意。

閱讀也是一樣的，只有先掌握了一定的量，才可能慢慢培養出自己的看法和眼光。因此我要特別呼籲家長們，對孩子的選書（孩子自己挑出來想讀想買的書）要寬容一點，給孩子時間去成長。

● 先求廣泛，再求深入

在我兩個孩子還小的時候，每次去書店，到了要結帳時，看到他們想要買的書，老實說，很多時候我的心裡也是不以為然的，覺得那樣的書實在不值得買，可我都還是什麼話也沒說，照樣買單，就是因為我相信隨著量的增加，他們自然會慢慢培養出自己的眼光，我不想代替他們去思考、去挑選。要培養對任何事物的品味都是需要時間的。

在閱讀一本書的時候，這個「先求廣，再求深」的原則同樣適用，只不過精準一點的說法應該就是「先求廣泛，再求深入」，也就是「先略讀，再精讀」。建議大家拿到一本書，不妨先大致迅速略讀一遍，對整本書有一個基本認識，並且判斷接下來需不需要精讀、需要怎樣的精讀。如果一打開書頁，對每一個字、每一個細節都太過推敲、太過糾結，就很容易形成「見樹不見林」的現象，因為我們所抓住的那個細節、你推敲了半天的那個細節，往往不是作者的本意，那其實是很無謂的。

有一次，一個研究生告訴我，他們在課堂上談到我的一篇短篇小說〈傷心Cheese cake〉，說大家花了半堂課的時間在討論為什麼會是「Cheese cake」，說大家都奇怪為什麼不是「鬆餅、提拉米蘇、巧克力蛋糕」，我聽了之後真覺得哭笑不得，因為這其中實在沒什麼深奧的寓意，只不過是因為我喜歡吃Cheese cake，如此而已啊。

抓住一個細節太過想要所謂的推敲，往往是一種徒勞，因為通常我們都不太可能知道作者本人真實的意思。

● 親子關係，以量為基礎

最後，順便說一下，其實親子關係也是一樣，儘管當然要追求質，但也還是應該要先以量為基礎。曾經看過一篇報導，一位成功的職業女性表示，雖然她陪伴孩子的時間很少，但是她覺得質比量更重要，看到這裡，我不禁一聲歎息，深覺這恐怕是一種一廂情願的想法，純屬自我安慰吧。

職業婦女真的很難，有一種說法叫做「蠟燭兩頭燒」，蠟燭本來應該只燒一頭，現在兩頭都在燒，豈不就是加速燃燒、加速完蛋？這句話就是比喻職業婦女都是在透支精力。然而，母愛就是表現在生活中各式各樣的細節裡啊，如果沒有先投入大量時間的陪伴，哪裡談得上什麼質呢？

37 如果說一個孩子不愛看書，但想像力很豐富，可能嗎？

如果說一個孩子不愛看書，但是想像力很豐富，可能嗎？我認為如果這個孩子指的是幼兒，那是可能的，但如果是指一個已經入學、甚至是中高年級的孩子，就不大可能了。

在童話思維、童話本能還比較充沛的幼兒階段，孩子確實經常會有一些讓我們覺得眼睛一亮、可愛無比的童言童語，真的都很有想像力，但是家長千萬不要以為這樣就夠了，這不足以保證孩子未來閱讀學習的道路就能夠遊刃有餘。

我們不妨先來看看這個想像力到底是怎麼回事。首先一定要有用心的觀察，觀察到了某一個現象或是某一個事物，然後根據現有的認知基礎展開聯想，至於能展開什麼樣的聯想，就是想像力在其中發揮作用。聯想能力實在是太重要了。當老師想要教給孩子們一個新的知識的時候，一定也都會跟孩子們打個比方，說這個就好像怎樣怎樣，讓孩子根據現有的知識基礎去領會新的事物，可是無論老師打了一個多麼精彩的比方，如果孩子的小腦袋瓜裡沒有那個最基本的基礎知識，也是沒有辦法去進行聯想的，那麼對於學習新的知識就會有困難。

這個基礎，就是要靠著不斷學習來獲得。如果基礎不夠，那真的是窒礙難行。比方說，大家不妨試試看跟一個略通中文的外國人講一則上古神話，或是民間傳說，我有過這樣的經驗，心得就是——簡直沒法講，因為我每講一個在我們看來是普通得不能再普通的詞，可外國人還是會一直問「那是什麼意思？」就是因為在他們的知識經驗裡，缺乏這方面的基礎，就連講到「玉皇大帝」，他們也會困惑的問「那是什麼？」我只好解釋說「他是天上的老大之一，是好人」，他們才「哦」了一聲，表示理解，結果，一個故事就這麼講講停停，一直被打斷、一直需要停下來解釋，還沒講到一半我就已經累死了！

想像力絕對不是憑空誕生的，如果常識不夠、知識不夠，自然就很難產生聯想。如果聯想力不夠，怎麼可能會有很好的想像力。即使是需要「先大膽的假設，再小心求證」的科學，那個「大膽的假設」——想像——最初也是要以既有的知識做基礎，所以牛頓（1643-1727）才會說：「如果說我看得比別人更遠些，那是因為我站在巨人的肩膀上」，意思就是說，前人的成就（為我們所打下的知識基礎）是一個非常重要的根基，如果沒有這個根基，就不可能有現在所謂的新知繼續往上疊加。

●追求豐富的精神世界

所以，孩子在幼兒階段表現得好像很有想像力，坦白說這是不足為恃的，想要這份想像力繼續發揚光大，還是需要不斷的閱讀和學習。

說起來，很多家長在看待孩子這方面，都會有一個逐漸面對現實的過程。在幼兒階段，十有八九的家長都覺得自己的孩子是天才，然後慢慢發現「咦，我的孩子好像沒那麼天才」，最後不得不承認「哎，原來我的孩子不是天才，也就只是一個普通人……」其實做一個普通人沒什麼不好啊，再說一個多元化的時代、多元化的社會，對成功的定義本來就不應該那麼單一。

從做媽媽那一天起，我就只希望孩子秉性純良，人品端正，做一個有用的人，擁有豐富的精神世界，對生活能感到大體滿意。能夠有豐富的精神世界，又對生活感到大體滿意的人，心態總是比較平和平靜的，我覺得如果能做到這樣就已經很成功了，我從來不奢望我的孩子會多麼的出人頭地。這個社會畢竟是一個金字塔，能夠站在頂端極其傑出的人都是鳳毛麟角，我自己都做不到，有什麼資格來要求孩子，再說如果想要任何東西（包括一般說的功成名就），當然也應該是要靠自己努力，怎能要求孩子來替我們去努力。孩子終究是一個獨立的個體，就像紀伯倫（1883-1931）說的那樣，是「藉由我們來到這個世界」而已。

孩子並不是像一張白紙一樣來到這個世界，都是帶著先天不同的氣質秉性和特質而來，有人確實天生想像力特別豐富，像這樣具備先天優勢的孩子，如果後天不夠努力，也是枉然，而就算先天想像力不是特別出色的人，如果在後天透過努力，想像力也還是有機會獲得開發和加強。

總之，家長千萬不要因為孩子在幼兒階段一些好的表現，就以為我的孩子反正是天才，也許可以不必那麼辛苦的去走尋常路。

什麼叫做尋常路？表現之一就是要從小培養閱讀的好習慣。

38 孩子閱讀口味太偏食怎麼辦？

孩子閱讀口味太偏食怎麼辦？這確實是我們家長需要注意、需要引導的一個不太好的現象。

我經常跟小朋友們說，如果我們把書本當成是精神食糧，當然就跟我們平常進食一樣，不能太偏食，否則營養就會不均衡，有可能會有損健康。幼兒的閱讀口味通常都會比較明顯，有的孩子特別喜歡看童話，有的孩子特別喜歡看科普讀物，而「閱讀口味明顯」往往也就意味著偏食，這是很正常的，沒什麼好大驚小怪，儘管在孩子年紀稍微大一點以後，還是很有可能去接觸別的領域的書，不過家長當然還是應該盡可能及早協助孩子，避免孩子的閱讀太過偏食。最好的辦法，就是用講故事的方式，來補充孩子的精神營養。

● 每個孩子不一樣，引導方式大不同

當年我就是用這樣的方式來慢慢引導小兒子。他不像哥哥，我的大兒子好像天生文理兩方面的能力比較平均，從很小的時候開始就對書的興趣比較大，會主動去接觸書本，當時我還很高興，滿以為「身教重於言教」真是一點也不錯呀，專家們說「要給孩子一個書香環境，孩子自然而然就會受到耳濡目染愛上閱讀」的建議也果然很有道理呀，因為自從大兒子誕生以後，我們家別的沒有，就是書和玩具很多，我自己本身又很愛看書，感覺上大兒子和同齡孩子相較，屬於比較喜歡看書是很正常的，沒想到小兒子馬上打破了我的自以為是。

在小兒子出生以後，儘管我們家還是充滿書香，有一大堆的書，他最親近的人也都是愛書人，他從小經常會看到我們在看書，可他偏偏就是不愛看書，幾乎不會主動去碰書，所以我就趁著當時他畢竟還小，還很喜歡黏著我的這個特點，花了很多時間跟他講故事，用講故事的方式讓他像大老爺聽有聲書一樣，來補充他精神方面的營養。

經過好一段時間，總算慢慢有了效果，可一開始還是偏食得很，我就繼續講故事。後來在小兒子上了中年級以後，才終於見到他不僅也會主動捧著書在讀，偏食的情況也大為改善。

此外，我認為家長還要有一個概念，那就是——既然書本是精神食糧，裡頭肯定就有「正餐」同時也有「零食」，「零食」的存在應該是被允許的。零食確實能為生活帶來一些小小的樂趣，無可厚非，只要我們能夠掌握原則，不讓零食影響正餐就行了。

我在帶孩子的時候，規矩不多，但都是屬於比較基本的規矩（我覺得如果規矩太多，小孩也記不住，反而不容易執行），我們家的規矩之一就是——要等到每天吃過晚飯以後才可以吃零食，就像西餐在湯、餐包、沙拉、主食結束以後會上一道甜點一樣，否則小學生每天放學到家還不到四點，這個時候距離吃晚餐還有將近兩個小時，要是一到家就拼命吃零食，晚餐怎麼吃得下。

當時每天下午三點多，我接了兩個兒子放學，在回家的路上都會經過社區裡一家便利超商，我們都會停下來，讓兩個兒子進去挑當天晚餐後要吃的零食。我覺得如此一來，既可滿足孩子小小的口腹之欲，讓他們的生活裡增添一點小小的樂趣，也可以讓我這個做媽媽的安心，因為至少他們的正餐已經好好吃了，飯後吃一點零食就沒什麼關係了，我就不會擔心他們零食吃太多會影響健康了。

我覺得對待閱讀、對待書本這些精神食糧也是一樣的，我們在盡力引導孩子接觸「正餐」之餘，也完全可以允許孩子吃一點「零食」。

什麼樣的圖書屬於「零食」呢？簡單來說，就是那些消遣性、娛樂性的圖書，譬如之前我們提到過的漫畫。很多家長似乎都太過排斥漫畫，把漫畫視為毒蛇猛獸，其實漫畫只是一種媒介、一種書的類型，只要不涉及暴力色情，而且最重要的是只要孩子不是把漫畫當做「正餐」，就算當成是「零食」，沒有什麼不可以。

39 看作文範本算不算閱讀？

孩子看作文範本算不算閱讀？

我認為儘管也算閱讀——既然也是書，就不可能不算閱讀——但實在不能算是正式意義的閱讀。我尤其反對讓孩子只看作文範本，孩子們那麼忙（被大人安排得那麼忙），他們的時間那麼寶貴，與其讓孩子看那麼多的作文範本，還不如給孩子留一些時間來玩呢！玩也是很重要的，對孩子的身心成長是有幫助的。

我有一個老朋友是幼稚園老師，在她孩子還小的時候，她就很擔心的說過，覺得她的孩子不會玩，只會整天盯著電視，可那些電視節目有多少是有營養的呀！老友說，她在幼稚園裡頭老早就發現，孩子們在遊戲中最能發揮想像力和創造力，會玩的孩子，往往腦筋比較活潑、比較聰慧，也就是比較聰明吧。

●會玩的孩子，比較聰明

很多家長總是見不得孩子休息，見不得孩子在玩，好像巴不得孩子每一分每一秒都撲在學習上，也不管孩子現在其實還只是一個幼兒——真的，在講座中我不止一次碰到過三四歲孩子的家長，憂心忡忡的問：「孩子不愛學習該怎麼辦？」真是天老爺，太誇張了吧，這麼小的孩子，所謂「不愛學習」恐怕是再正常也不過了吧，可在很多家長心裡卻成了一個非常嚴重的問題。

不允許孩子（尤其是不允許幼兒）玩，真的是強人所難，大人也不可能每一分每一秒都在一板一眼的工作呀，大腦也是需要休息的啊，適當的休息（包括娛樂）往往反而能提高工作效率，對孩子來說也是一樣的。

美國著名生物學家、被稱為「螞蟻先生」的威爾森（生於一九二九年）曾表示，很多家長都不能理解，當孩子在做那些大人眼中看起來好像無意義的事情時，比方說像發發呆啦、做做白日夢啦、閒晃一下啦，對孩子的心智成長是多麼的重要，能發揮多麼重要的正面影響。

也許有家長馬上就會說，讓孩子玩，如果孩子的心玩野了，荒疏學業，怎麼辦？我覺得這就是關於自制力，以及有沒有找到學習動力的問題。想要擁有良好的自制力，也是需要時間來慢慢磨練，如果說「因為害怕孩子自制力不夠而乾脆不讓孩子玩」，無異是因噎廢食，同時，只要孩子能夠找到天天向上的動力，他自己也就不會整天都在玩。

● 用「分析」的態度看範本

現在我們再回到閱讀作文範本這個話題。孩子的時間那麼珍貴，如果讓孩子都拿來閱讀「零食讀物」都已經不妥，如果都拿來讀作文範本，那就更是浪費。閱讀是為了啟迪智慧，豐富心靈，如果讓孩子只看作文範本，恐怕非但達不到以上兩個目標，對孩子甚且還會產生不好的影響。

請大家不要誤會，不是說作文範本不能看，但一定要帶著一種分析的態度來看，每看完一篇好的文章，能夠說得出別人的長處在哪裡，能夠分析別人是用什麼樣的

素材、又是用什麼樣的角度來切入，這樣的素材有什麼樣的特點，這樣的角度又有什麼樣的優勢，進而再聯繫到自己的生活，想想看自己有沒有類似的題材，有的話自己又是如何處理？比較一下不同的效果等等。如果能夠保持客觀、觀摩的心態加以學習，作文範本才可能發揮正面的價值。

如果是把作文範本當成是像教科書或是工具書，只想一味模仿甚至照搬，那作文範本對孩子恐怕就會有不好的影響，就提高孩子的作文能力來說，還不如不看。

如果讓孩子把有限的閱讀時間全都拿來看作文範本，那就更糟糕了！孩子們畢竟都是需要引導的，需要讀有那麼一點高度的作品，作文範本裡頭所收錄的都是孩子同齡人的作品，對孩子的文學素養能有多大的提升和幫助呢？

其實，很多家長之所以會那麼的看重、依賴作文範本，總是鼓勵孩子，甚至強迫孩子去看一大堆的作文範本，說到底無非就是一種功利的心態，認定「只要多看幾篇範文，作文分數應該就能提高幾分」，我覺得這種功利心實在是很要不得。孩子如果從家長這裡學到了功利心，對成長而言恐怕不一定會是好事。

●作文，就是文字表達

功利心很重的家長不是都希望孩子將來能夠出人頭地嗎？可事實上，只要看看各行各業那些真正所謂功成名就的傑出人士，反而都是很單純的，一開始都只是在做自己有興趣的事，然後憑著一股傻勁兒，心無旁騖、專心致志的悶著頭做，再加上眼光、機遇等等有形無形的條件，最後才能取得傲人的成就，而那些一開始就抱持著強烈的企圖心、功利心去做某些事的人，最後反而不容易做出成績。

還要提醒家長的是，「作文」就是文字表達，將來等孩子完成學業進入社會以後，如果擁有不錯的表達能力（包括口語表達和文字表達），脫穎而出的機會一定會比較大。也就是說，不要窄化了「作文」的意義，我們每個人都應該具備一定的讀和寫的能力。真正的作家是教不了的，但是作文——文字表達——卻肯定是可以教的，關鍵還是在於怎麼教，讓孩子猛看猛背作文範本絕對是一個壞主意，短期之內或許會感到好像滿有幫助，實際上若就長遠的眼光來看，作文範本看多了只會限制了孩子的思路，使孩子的文章充滿匠氣。

真實情感才動人

坦白說，在我接觸過華文地區這麼多的小朋友當中，不管是台灣的、大陸的、香港的、東南亞的小朋友，以語文程度來講，大陸地區孩子們的語文程度那絕對是沒話講的，要比其他地區的孩子高出很多很多，可遺憾的是，「語文程度好」不見得就代表一定能寫出比較好的文章，這是為什麼呢？我猜測其中可能的原因之一，會不會就是太過依賴作文範本了，因此同樣的題目，大家寫來寫去都差不多，都是範本裡常見的那一套，不僅讀來非常僵化，還處處盡顯虛情假意，很多孩子們似乎已經不知道該怎麼從真實的生活中去尋找素材、捕捉靈感，其實所有的作文技巧、語文程度都應該是為了真實情感而服務，一旦缺少了最初打動自己的那個部分，就算用盡華麗的辭藻，寫出來的文章恐怕也很難打動讀者。

總之，儘管作文範本也是書，但我覺得就算是為了想要提升作文表現，也還是少看為妙。最低限度，絕對不能讓孩子只讀作文範本。

40 為什麼背誦的好詞好句都不容易用得上？

上一篇我們提到過，不能讓孩子過分的依賴作文範本。在很多家長的心目中，除了把作文範本當成是工具書，還有一種書也經常被當成了工具書，是什麼呢？就是好詞好句大全，或者好詞好句大合集之類的書。

市面上有很多關於整理好詞好句的圖書，都是編輯們辛辛苦苦從大量名著裡頭去選錄的，往往還會分門別類，按照講人生的、講人性的、講成長的、講親情的、講友情的、講愛情的等等，分別收錄了一大堆的好詞好句，活像一個「好詞好句超市」，整本書看上去內容非常充實，感覺應該是不錯的工具書，彷彿在寫作文的時候隨時就可以用上幾句，可實際上沒那麼簡單。

很多孩子、很多家長都滿心不解：「為什麼背了那麼多的好詞好句，可是在寫作文的時候，好像都很難用得上？」這樣的現象，其實一點也不奇怪，簡單來講，這

是因為所謂的好詞好句，是一個語文程度的真實展現，是勉強不來的。就像有的小朋友會問「作文是不是需要修辭」，在理論上當然需要，可如果你的程度不夠，小腦袋瓜裡的辭藻不夠豐富，想修也修不了啊。

● 人類文明智慧的充分展現：等待與希望

好詞好句背得多、用得少，甚至根本用不出來，其中一個原因就是，這些靠著死記硬背得來的好詞好句，還沒有內化成為你真實的語文程度，還不是你內在的一部分，自然就會覺得怎麼好像總是用不出來了。就算是在作文的時候不停的查著好詞好句大全，硬湊上幾句，讀起來的感覺往往也會很不自然，會有明顯拼貼的痕跡，甚至還有可能因為理解不當而引用錯誤，對於一篇作文來說那就更是一大毛病了。

想要寫好作文、想要提升語文程度都是沒有捷徑的，都必須透過自己的勞動，而如果是經過自己消化吸收和整理的好詞好句，才可能成為自己真實的語文程度。

舉一個例子。有這麼一句話說：「整個人類文明的智慧就是充分展現在兩個詞裡頭，哪兩個詞呢？一個是等待，一個是希望。」

這句話出自哪裡？是出自大仲馬（1802-1870）的名著《基督山恩仇記》（《基督山伯爵》），這是號稱「小說工廠」的大仲馬所有作品裡頭數一數二的傑作。這本書雖然很厚，主線倒是很清晰，講主人翁在早年受到了惡人陷害，被丟進大牢，逃獄之後，一方面意外獲得一筆不可思議的財富，另一方面展開清算，先報恩、再報仇（所以我覺得《基督山恩仇記》這個書名比較傳神）。在故事結尾，主人翁在完成了自己所有的目標之後，寫了一封信給一個年輕的男孩，信末就寫了這麼一段話：「整個人類文明的智慧就是充分展現在兩個詞裡頭，哪兩個詞呢？一個是等待，一個是希望。」

唯有讀過這本書，明白基督山伯爵都遭遇過什麼，再看到這句話，相信都會很受到觸動，因而不免記憶深刻，如果根本沒讀過《基督山恩仇記》，只是把這幾句好句單獨拎出來，雖然第一眼看上去應該也會覺得好像滿有道理，可因為缺乏深刻的感受，當然就不容易記得住，很快就會忘了。

● 心到、眼到、口到與手到

宋代理學家朱熹（1130-1200）說：「讀書有三到，心到、眼到、口到。」我建議應該還要讓孩子及早養成一個「手到」的好習慣，就是說讓孩子自己動手做筆記，在閱讀的同時，每讀到什麼有感覺、有共鳴的好詞好句，就不怕麻煩、非常勤快的隨時抄錄下來，並且還能不時的翻翻，溫習溫習，這樣有著自己的體會、注入自己的思考，再透過自己的勞動所得來的好詞好句，日後在有需要的時候，自然就比較有可能用得上了。

大好文化
管家琪作品集　家長新天地 1

掌握閱讀黃金期：管家琪談學前閱讀素養

作　　者｜管家琪
繪　　圖｜吳嘉鴻
出　　版｜大好文化企業社
榮譽發行人｜胡邦崐、林玉釵
發行人暨總編輯｜胡芳芳
總 經 理｜張榮偉
主　　編｜林玉琳、古立綺
編　　輯｜方雪雯、章曉春、林鴻讀
封面・版型設計｜陳文德
行銷統籌｜胡蓉威
客戶服務｜張凱特
通訊地址｜11157臺北市士林區磺溪街88巷5號三樓
讀者服務信箱｜fonda168@gmail.com
讀者服務電話｜0922309149、02-28380220
讀者訂購傳真｜02-28380220
郵政劃撥｜帳號：50371148　戶名：大好文化企業社
版面編排｜唯翔工作室 (02)23122451
印　　刷｜鴻霖印刷傳媒股份有限公司 0800-521-885
總 經 銷｜大和書報圖書股份有限公司 (02)-8990-2588

ISBN　978-986-98447-5-8（平裝）
出版日期｜2020年10月1日初版
定　　價｜新台幣350元　　NTD350

國家圖書館出版品預行編目資料

掌握閱讀黃金期：管家琪談學前閱讀素養 / 管家琪著；
吳嘉鴻圖 . -- 初版 . -- 臺北市：大好文化, 2020.10
256 面；15×21 公分 . --（管家琪作品集 · 家長新天地 1）

ISBN　978-986-98447-5-8（平裝）

1. 閱讀指導 2. 教學法 3. 學前教育

523.23　　109008448